Introducción a la gestión económica-financiera del Restaurante. HOTR0001

Juan Dueñas Nogueras

Introducción a la gestión económica-financiera del Restaurante. HOTRO001
© Juan Dueñas Nogueras

1ª Edición

© IC Editorial, 2024

Editado por: IC Editorial
c/ Cueva de Viera, 2, Local 3
Centro Negocios CADI
29200 Antequera (Málaga)
Teléfono: 952 70 60 04
Fax: 952 84 55 03
Correo electrónico: iceditorial@iceditorial.com
Internet: www.iceditorial.com

ISBN: 978-84-1184-440-6
Depósito Legal: MA 2558-2024

Impresión: PODiPrint
Impreso en Andalucía – España

Nota de la editorial: IC Editorial pertenece a Innovación y Cualificación S. L.

Especialidad formativa

Se entiende por especialidad formativa la agrupación de contenidos, competencias profesionales y especificaciones técnicas que responde a un conjunto de actividades de trabajo enmarcadas en una fase del proceso de producción y con funciones afines.

Las especialidades formativas de Uso General, Formación Complementaria, Formación Modular y las especialidades formativas dirigidas a la obtención de certificados de profesionalidad se incluyen en el Fichero de Especialidades del Servicio Público de Empleo Estatal para su gestión en todo el territorio nacional por cualquier Administración competente.

Las especialidades complementarias, pertenecen todas a la Familia profesional de Formación Complementaria (FCO) y tienen la consideración de formación transversal en áreas que se consideran prioritarias tanto en el marco de la Estrategia Europea para el Empleo y del Sistema Nacional de Empleo como en las directrices establecidas por la Unión Europea. Se consideran áreas prioritarias las relativas a tecnologías de la información y la comunicación, la prevención de riesgos laborales, la sensibilización en medio ambiente, la promoción de la igualdad, la orientación profesional y aquellas otras que se establezcan por la Administración competente.

Las especialidades de Certificado de profesionalidad tienen una duración especificada en su normativa reguladora.

En el resultado de la búsqueda, se muestran las unidades de competencia, todos los módulos formativos con su duración y las unidades formativas del certificado correspondiente, con su duración. Las horas del certificado, exclusivo de las especialidades de certificado de profesionalidad, con alta igual o superior a 2008, son las horas totales más las horas del módulo de Prácticas Profesionales no Laborales.

- **Si la especialidad tiene unidades formativas,** las horas totales, presencial, distancia, teleformación serán igual a la suma de esas horas de las unidades formativas de los distintos módulos, sin que se repita ninguna Unidad formativa.

⮕ **Si la especialidad no tiene unidades formativas,** las horas totales, presencial, distancia, teleformación serán igual a las sumas de esas horas de los módulos formativos, eliminando las horas de los módulos repetidos.

https://sede.sepe.gob.es/especialidadesformativas/RXBuscadorEFRED/
BusquedaEspecialidades.do

(Fuente: Servicio Público de Empleo Estatal)

Índice

Unidad de aprendizaje 4
Manejo de programas informáticos en restauración

OBJETIVOS GENERALES

Los objetivos generales del **HOTR0001. Introducción a la gestión económica-financiera del Restaurante,** son:

- ➲ Adquirir los fundamentos básicos necesarios para realizar la gestión económica-financiera de un restaurante apoyándose en programas informáticos.
- ➲ Conocer las exigencias propias del proceso administrativo y contable en restauración.
- ➲ Analizar la gestión y control de las cuentas de clientes, desarrollando las operaciones que le son inherentes con el fin de lograr liquidar en tiempo y forma requeridos.
- ➲ Analizar los datos contables relacionados con la gestión de una empresa de restauración.
- ➲ Distinguir y utilizar los programas informáticos de gestión del restaurante.

Conocimiento e implantación del proceso administrativo y contable en restauración

Contenido

Objetivos

El objetivo general de esta Unidad de Aprendizaje es:

→ Conocer las exigencias propias del proceso administrativo y contable en restauración.

Los objetivos específicos de esta Unidad de Aprendizaje son:

→ Determinar la amortización y depreciación del activo de una empresa.

→ Elaborar inventarios y proceder a su valoración.

→ Registrar en los distintos soportes utilizados en el control económico-financiero del restaurante los asientos generados.

→ Reconocer los procedimientos de facturación indicados por la normativa vigente.

1. Introducción

Dentro del sector de la restauración, aspectos como la confección de la carta, la decoración del local, la elección de las herramientas y materiales necesarios en la cocina, materias primas, etc. son extremadamente importantes, al igual que el establecimiento y la realización de los procesos administrativos y contables, ya que tanto la determinación de los precios, como los costes de la mano de obra, el cumplimiento con la legislación fiscal vigente, el presupuesto de compras, etc. son igualmente necesarios si se desea que el negocio sobreviva ante la existencia de un mercado con una oferta extremadamente elevada y un nivel competitivo y de calidad cada vez mayor.

El hecho de que este tipo de negocios genere su mayor parte de los ingresos mediante efectivo conlleva que los responsables del mismo sean conscientes de que un control exhaustivo en todo el proceso administrativo y contable sea crucial para la buena marcha del negocio, ya que en caso contrario, aun siendo un local de éxito, cabe la posibilidad de que el continuo descontrol en caja lleve irremediablemente al cierre del negocio.

En base a estas premisas y para ofrecer una mayor practicidad al estudio de la gestión económica-financiera de las empresas de restauración, expondremos los ejemplos o casos que vayan aconteciendo en el restaurante TRQ.

2. Proceso de facturación

 HILO CONDUCTOR

Tras el servicio de almuerzo llevado a cabo en el restaurante TRQ, Irene, gerente del establecimiento, hace un recuento de todas las facturas emitidas. La emisión de las facturas es correcta, estableciendo el tipo de IVA adecuado, así como los descuentos en algunas de las promociones del restaurante. No obstante, el duplicado de una factura no se ha realizado de forma correcta, existiendo un error en su numeración.

El proceso de facturación en el sector de la restauración comienza en lo que se denomina **comanda,** siendo la expresión escrita de lo que el cliente desea en ese momento y que terminará, como norma general, convirtiéndose en la

factura que el cliente abonará al marcharse del establecimiento mediante su pago en efectivo. La factura deberá cumplir con una serie de requisitos que establece la legislación y que sin los cuales no se puede considerar como legal. La comanda no tiene que cumplir estos requisitos.

Los requisitos de la factura se establecen bajo el Real Decreto 1619/2012, de 30 de noviembre, por el que se aprueba el reglamento por el que se regulan las obligaciones de facturación.

2.1. Obligaciones de expedir facturas

En este supuesto, la legislación es muy clara y determinante al respecto. El artículo 1 del **Real Decreto 1619/2012** establece que los empresarios o profesionales, independientemente del sector al que se dediquen, están obligados a expedir y entregar, en su caso, factura u otros justificantes por las operaciones que realicen en el desarrollo de su actividad empresarial o profesional, así como a conservar copia o matriz de aquellos.

NOTA

La matriz de una factura es aquella parte de la misma que queda en posesión del que la expide como justificante de su emisión y entrega posterior al cliente. Va a contener los datos necesarios para el cumplimiento con las obligaciones que establece la ley.

Del mismo modo, el empresario deberá conservar todas aquellas facturas y justificantes que reciba de otros empresarios por las operaciones de las que es destinatario, como, por ejemplo, la compra de materia prima, utensilios de cocina, suministros, como el gas o el agua, etc.

La contabilidad del restaurante requiere la conservación de todas las facturas, justificantes, etc., que reciba el empresario.

El Real Decreto 1619/2012, en el capítulo 1 sobre supuestos de expedición de factura, y más concretamente en su artículo 2, establece las **obligaciones concretas por las que se han de expedir facturas,** cumpliendo así con el artículo 164, regla uno, apartado 3.° de la Ley 37/1992, de 28 de diciembre, del impuesto sobre el valor añadido, el cual determina que los empresarios o profesionales están obligados a expedir factura y copia por las entregas de bienes y prestación de servicios que realicen en el desarrollo de su actividad, incluidas las **no sujetas y las sujetas pero exentas** del impuesto, sin más excepciones que las que se permiten; y en esto, la legislación es muy clara e inflexible, por lo que el empresario ha de ser muy consciente de los actos que lleva a cabo cuando realiza el proceso de facturación.

En todo caso, deberá expedirse factura y su copia en las siguientes operaciones:

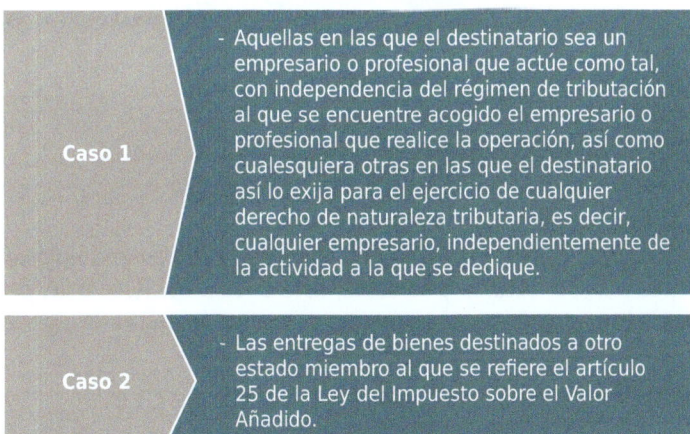

Caso 1
- Aquellas en las que el destinatario sea un empresario o profesional que actúe como tal, con independencia del régimen de tributación al que se encuentre acogido el empresario o profesional que realice la operación, así como cualesquiera otras en las que el destinatario así lo exija para el ejercicio de cualquier derecho de naturaleza tributaria, es decir, cualquier empresario, independientemente de la actividad a la que se dedique.

Caso 2
- Las entregas de bienes destinados a otro estado miembro al que se refiere el artículo 25 de la Ley del Impuesto sobre el Valor Añadido.

Continúa en página siguiente >>

<< Viene de página anterior

Caso 3	- Las entregas de bienes a que se refiere el artículo 68, reglas tres y cinco de la Ley del Impuesto sobre el Valor Añadido, cuando, por aplicación de las reglas referidas en dicho precepto, se entiendan realizadas en el territorio de aplicación del impuesto.
Caso 4	- Las entregas de bienes expedidos o transportados fuera de la Comunidad Europea a que se refiere el artículo 21, números 1.º y 2.º de la Ley del Impuesto sobre el Valor Añadido, excepto las efectuadas en las tiendas libres de impuestos a que se refiere el número 2.º, B, del citado artículo.
Caso 5	- Las entregas de bienes que han de ser objeto de instalación o montaje antes de su puesta a disposición a que se refiere el artículo 68, regla dos, número 2.º de la Ley del Impuesto sobre el Valor Añadido.
Caso 6	- Aquellas de las que sean destinatarias personas jurídicas que no actúen como empresarios o profesionales, con independencia de que se encuentren establecidas en el territorio de aplicación del impuesto sobre valor añadido o no, o las administraciones públicas a que se refiere el artículo 2 de la Ley 39/2015, de 1 de octubre, del Procedimiento Administrativo Común de las Administraciones Públicas.

IMPORTANTE

Estos puntos indican que si bien todo empresario se encuentra obligado a la expedición de facturas y su copia, este deberá atenerse a las peculiaridades que la ley establece para su ámbito de actuación, territorio o pertenencia a un estado miembro de la Unión Europea.

La obligación de expedir factura que los apartados anteriores determinan se ha de ajustar a las normas establecidas en el reglamento en los siguientes supuestos:

- **Supuesto 1:** cuando la entrega de bienes o la prestación de servicios a que se refiera se entienda realizada en el territorio de aplicación del impuesto, salvo que el proveedor del bien o prestador del servicio no se encuentre establecido en el citado territorio, el sujeto pasivo del impuesto sea el destinatario para quien se realice la operación sujeta al mismo y la factura no sea expedida por este último con arreglo a lo establecido en el artículo 5.
- **Supuesto 2:** cuando el proveedor o prestador esté establecido en el territorio de aplicación del impuesto o tenga en el mismo un establecimiento permanente o, en su defecto, el lugar de su domicilio o residencia habitual, a partir del cual se efectúa la entrega de bienes o prestación de servicios y dicha entrega o prestación, conforme a las reglas de localización aplicables a las mismas, no se entienda realizada en el territorio de aplicación del impuesto en los siguientes supuestos:

  - Cuando la operación esté sujeta en otro estado miembro, el sujeto pasivo del impuesto sea el destinatario para quien se realice la operación y la factura no sea materialmente expedida por este último en nombre y por cuenta del proveedor del bien o prestador del servicio.
  - Cuando la operación se entienda realizada fuera de la comunidad.

IMPORTANTE

Estos puntos indican que si bien todo empresario se encuentra obligado a la expedición de facturas y su copia, este deberá atenerse a las peculiaridades que la ley establece para su ámbito de actuación, territorio o pertenencia a un estado miembro de la Unión Europea.

- -

2.2. Excepciones de obligación de expedir facturas

Aunque el empresario se encuentra obligado a expedir factura por los servicios prestados, la ley permite una serie de excepciones a dichas obligaciones, que se encuentran recogidas en el artículo 3 del Real Decreto 1619/2012, el cual determina que no existirá obligación de expedir factura, salvo en los supuestos contenidos en el apartado 2 del artículo 2 del citado Real Decreto; no obstante, para que los empresarios dedicados a la restauración no expidan factura, tienen que darse circunstancias muy poco probables, ya que en este tipo de actividad, la expedición de la factura es **obligatoria.**

De entre las **excepciones de obligación** de expedición de facturas, la normativa establece las siguientes operaciones:

- **Excepción 1:** las operaciones exentas del impuesto sobre el valor añadido, en virtud de lo establecido en el artículo 20 de su ley reguladora, con excepción de las operaciones a que se refiere el apartado 2 siguiente. Por ejemplo, por este artículo, las actividades dedicadas a la enseñanza están exentas.
- **Excepción 2:** las operaciones realizadas por empresarios o profesionales en el desarrollo de actividades a las que sea de aplicación el régimen especial del recargo de equivalencia.
- **Excepción 3:** las realizadas por empresarios o profesionales en el desarrollo de actividades por las que se encuentren acogidos al régimen simplificado del impuesto, salvo que la determinación de las cuotas devengadas se efectúe en atención al volumen de ingresos.
- **Excepción 4:** aquellas otras en las que así se autorice por el Departamento de Gestión Tributaria de la Agencia Estatal de Administración Tributaria, en relación con sectores empresariales o profesionales o empresas determinadas, con el fin de evitar perturbaciones en el desarrollo de las actividades empresariales o profesionales.
- **Excepción 5:** no existirá obligación de expedir factura cuando se trate de las prestaciones de servicios definidas en el artículo 20. Uno. 16.º y 18.º, apartados a) a n) de la Ley del Impuesto sobre el Valor Añadido, salvo que:

  - Conforme a las reglas de localización aplicables a las mismas, se entiendan realizadas en el territorio de aplicación del impuesto o en otro estado miembro de la Unión Europea y estén sujetas y no exentas al mismo.
  - Conforme a las reglas de localización aplicables a las mismas, se entiendan realizadas en el territorio de aplicación del impuesto, Canarias, Ceuta o Melilla, estén sujetas y exentas al mismo y sean realizadas por empresarios o profesionales, distintos de entidades aseguradoras y entidades de crédito, a través de la sede de su actividad económica o establecimiento permanente situado en el citado territorio.

- **Excepción 6:** tampoco estarán obligados a expedir factura los empresarios o profesionales por las operaciones realizadas en el desarrollo de las actividades que se encuentren acogidas al régimen especial de la agricultura, ganadería y pesca, sin perjuicio de lo dispuesto en el artículo 16.1 de este reglamento.

NOTA

Es evidente que aunque el empresario se encuentra obligado por la ley a la expedición de facturas, la legislación relativa al impuesto sobre el valor añadido impone excepciones a dicha obligación.

DEFINICIÓN

Recargo de equivalencia

Es un régimen especial de IVA obligatorio para aquellos comerciantes minoristas que no realicen transformación alguna de los productos que venden. Consiste en un porcentaje aplicado a la base imponible de la factura relacionada con el tipo de IVA aplicado a la operación de venta.

Plazo expedición de facturas

En cuanto al plazo que los empresarios y profesionales en general poseen para la expedición de las facturas, la legislación vigente es muy clara. El artículo 11 del Real Decreto 1619/2012 establece que todas las facturas deberán **expedirse en el mismo momento en el que se realiza la operación** de compraventa o de prestación de servicios. No obstante, la legislación establece que cuando el destinatario de la operación sea un empresario o profesional que actúe como tal, las facturas deberán expedirse antes del día 16 del mes siguiente a aquel en que se haya producido el devengo del impuesto correspondiente a la citada operación.

En el supuesto de que el empresario se encuentre acogido al régimen especial del criterio de caja, la expedición de la factura deberá realizarse en el momento de la realización de tales operaciones, salvo cuando el destinatario de la operación sea un empresario o profesional que actúe como tal, en cuyo caso deberán expedirse antes del día 16 del mes siguiente a aquel en que se haya realizado la operación.

2.3. Documentos sustitutivos de las facturas

Si bien los empresarios del sector de la hostelería se encuentran obligados a la expedición de factura, existen documentos que van a sustituirla y que son totalmente válidos para su entrega al cliente.

Estos documentos están representados por las **facturas simplificadas,** sirviendo como sustitutos de las facturas siempre y cuando cumplan las condiciones que se presentan a continuación:

- Que el importe de la operación no exceda de 3.000 € incluido el IVA.
- Que se trate de ventas al por menor, incluso las realizadas por fabricantes o elaboradores de los productos entregados.
- Ventas o servicios de ambulancia.
- Transporte de personas y sus equipajes.
- Servicios prestados por salas de baile y discotecas.
- Servicios telefónicos prestados mediante el uso de cabinas.
- Servicios de peluquería e institutos de belleza.
- Aparcamientos.
- Alquiler de películas.
- Utilización de autopistas de peaje.
- Servicios de hostelería y restauración prestados por restaurantes, bares, cafeterías, horchaterías, chocolaterías y establecimientos similares, así como el suministro de bebidas o comidas para consumir en el acto.
- Servicios de tintorería y lavandería.
- Las que autorice el Departamento de Gestión Tributaria.

 IMPORTANTE

A pesar de que en los servicios de restauración y hostelería es posible la entrega al cliente de una factura simplificada o tique en vez de una factura, en el supuesto de que el cliente quisiera una factura por los servicios prestados, el empresario se encontrará en la obligación de expedirla sin excusa alguna, independientemente de que el importe de la misma sea inferior a los 3.000 € con el IVA incluido.

Ejemplo de factura simplificada de un establecimiento hostelero

2.4. Facturas por el destinatario o por un tercero

El Real Decreto 1496/2003, de 28 de noviembre, por el que se aprueba el reglamento que regula las obligaciones de facturación, determina en su artículo 2 las obligaciones de expedir facturas, al igual que sucede en el Real Decreto 1619/2012. En el artículo 5 del R. D. 1619/2012 se fija el cumplimento de la obligación de expedir factura o documento sustitutivo por el destinatario o por un tercero.

Suponiendo que alguna de las dos partes que intervienen en la operación de prestación del servicio de hostelería o restauración no es **sujeto pasivo,** es decir, no se encuentra obligado por la legislación en materia de

IVA, la legislación determina los requisitos necesarios para que se cumpla el artículo 2 de obligación de expedir factura:

⮑ Deberá existir un acuerdo documentado por escrito entre el empresario o profesional que realice las operaciones y el destinatario de estas, por el que el primero autorice al segundo la expedición de las facturas o documentos sustitutivos correspondientes a dichas operaciones. Este acuerdo deberá suscribirse con carácter previo a la realización de las operaciones, y en él deberán especificarse aquellas a las que se refiera.
⮑ Cada factura o documento sustitutivo así expedido deberá ser objeto de aceptación por parte del empresario o profesional que haya realizado la operación.
⮑ El destinatario de las operaciones que proceda a la expedición de las facturas o documentos sustitutivos correspondientes a aquellas deberá remitir una copia al empresario o profesional que las realizó en un plazo determinado por la ley.
⮑ Estas facturas o documentos sustitutivos serán expedidos en nombre y por cuenta del empresario o profesional que haya realizado las operaciones que en ellos se documentan.

2.5. Contenido de la factura

La factura, como documento legal y sujeto a la legislación que la regula, para que sea efectiva, debe contener una serie de menciones mínimas establecidas en el artículo 6 del Real Decreto 1619/2012.

Siendo algunas de las menciones más importantes las siguientes.

Número y, en su caso, serie

La numeración de las facturas dentro de cada serie será **correlativa.** Se podrán expedir facturas mediante series separadas cuando existan razones que lo justifiquen y, entre otros supuestos, cuando el obligado a su expedición cuente con varios establecimientos desde los que efectúe sus operaciones y realice operaciones de distinta naturaleza.

No obstante, será obligatoria, en todo caso, la **expedición en series** específicas de las facturas siguientes:

⮑ Las expedidas por los destinatarios de las operaciones o por terceros, para cada uno de los cuales deberá existir una serie distinta.

- Las rectificativas.
- Las que se expidan conforme a la disposición adicional quinta del Reglamento del Impuesto sobre el Valor Añadido, aprobado por el artículo 1 del Real Decreto 1624/1992, de 29 de diciembre.
- Las que se expidan conforme a lo previsto en el artículo 84, apartado uno, número 2.º, letra g), de la Ley 37/1992, de 28 de diciembre, del Impuesto sobre el Valor Añadido.
- Las que se expidan conforme a lo previsto en el artículo 61, apartado 2 del Reglamento del Impuesto sobre el Valor Añadido, aprobado por el artículo 1 del Real Decreto 1624/1992, de 29 de diciembre.

Fecha

Se debe indicar la **fecha de expedición,** indicándose al mismo tiempo la fecha en que se hayan efectuado las operaciones que se documentan o en la que, en su caso, se haya recibido el pago anticipado, siempre que se trate de una fecha distinta a la de expedición de la factura.

Identificación

Se debe incluir nombre y apellidos, razón o denominación social completa, tanto del obligado a expedir factura como del destinatario de las operaciones.

N.º de identificación fiscal

Número atribuido por la administración tributaria española o, en su caso, por la de otro estado miembro de la Unión Europea, con el que ha realizado la operación el obligado a expedir la factura.

Asimismo, será obligatoria la consignación del número de identificación fiscal del destinatario en los siguientes casos:

Que se trate de una entrega de bienes destinados a otro estado miembro que se encuentre exenta conforme al artículo 25 de la Ley del Impuesto sobre Valor Añadido.

Continúa en página siguiente >>

<< *Viene de página anterior*

> Que se trate de una operación cuyo destinatario sea el sujeto pasivo del impuesto correspondiente a aquella.

> Que se trate de operaciones que se entiendan realizadas en el territorio de aplicación del impuesto y el empresario o profesional obligado a la expedición de la factura haya de considerarse establecido en dicho territorio.

Domicilio

Se debe incluir el **domicilio,** tanto del obligado a expedir factura como del destinatario de las operaciones. Cuando el obligado a expedir factura o el destinatario de las operaciones dispongan de varios lugares fijos de negocio, deberá indicarse la ubicación de la sede de actividad o establecimiento al que se refieran aquellas en los casos en que dicha referencia sea relevante para la determinación del régimen de tributación correspondiente a las citadas operaciones.

Descripción de las operaciones

Se deben consignar todos los datos necesarios para la determinación de la base imponible del impuesto, tal y como esta se define por los artículos 78 y 79 de la Ley del Impuesto sobre el Valor Añadido, correspondiente a aquellas y su importe, incluyendo el precio unitario sin impuesto de dichas operaciones, así como cualquier descuento o rebaja que no esté incluido en dicho precio unitario.

Tipo impositivo

Se debe incluir el tipo impositivo o tipos impositivos, en su caso, aplicados a las operaciones.

Cuota tributaria

La cuota tributaria que, en su caso, se repercuta, que deberá consignarse por separado.

NOTA

Tendrá la consideración de factura aquella que contenga todos los datos y reúna los requisitos a que se refiere este artículo.

Los documentos utilizados como sustitutivos de las facturas deberán contener como mínimo: el número y en su caso serie, el número de identificación fiscal, así como el nombre y apellidos, razón o denominación social completa del obligado a la expedición, el tipo impositivo aplicado o la expresión "IVA incluido" y la contraprestación total.

2.6. Contenido de la factura simplificada

Actualmente, las facturas simplificadas son los documentos contables justificativos del gasto producido, lo que conlleva un cambio sustancial en la contabilidad de las empresas a la hora de contabilizar los gastos deducibles fiscalmente, ya que anteriormente se utilizaban los tiques.

Por tanto, el empresario del sector de la restauración siempre ha de preferir emitir factura o factura simplificada, independientemente de si el destinatario de dicho documento se encuentra sujeto o no al impuesto sobre el valor añadido. En el supuesto de ser el empresario restaurador el receptor de dicho documento, este ha de reclamar factura o factura simplificada, ya que en caso contrario no podrá deducirse la cuota de IVA al no ser un documento justificativo válido para su deducción.

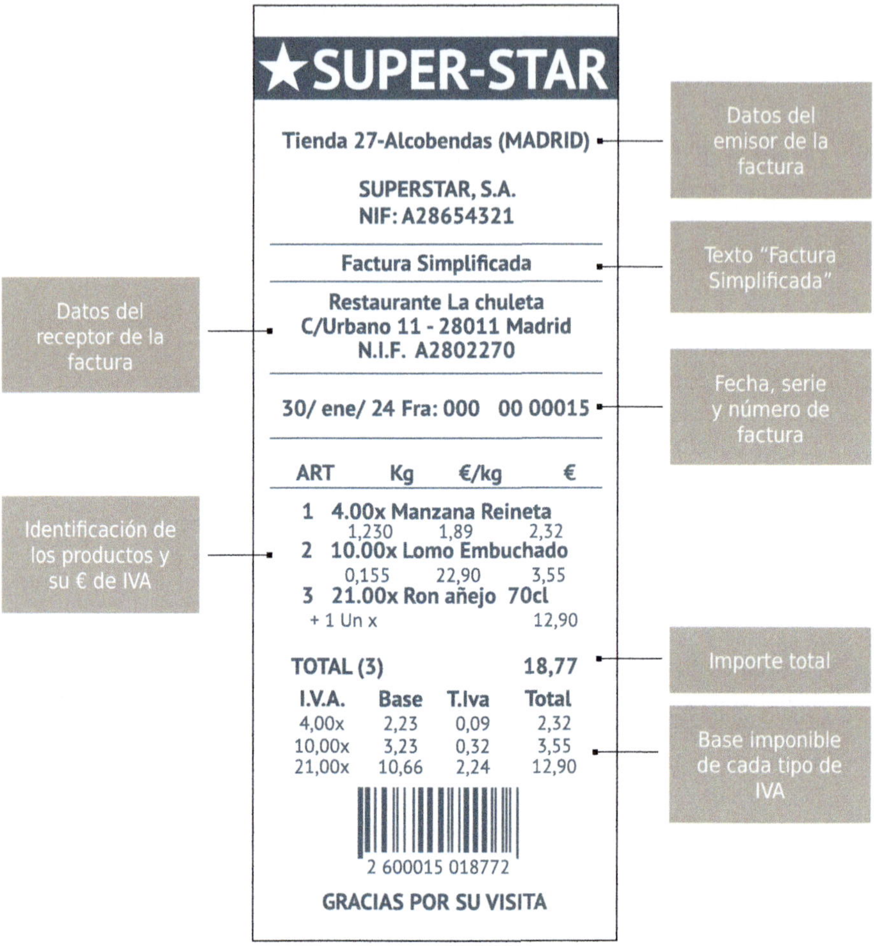

★SUPER-STAR

Datos del emisor de la factura

Tienda 27-Alcobendas (MADRID)

SUPERSTAR, S.A.
NIF: A28654321

Texto "Factura Simplificada"

Factura Simplificada

Datos del receptor de la factura

Restaurante La chuleta
C/Urbano 11 - 28011 Madrid
N.I.F. A2802270

Fecha, serie y número de factura

30/ ene/ 24 Fra: 000   00 00015

Identificación de los productos y su € de IVA

ART	Kg	€/kg	€
1	4.00x Manzana Reineta		
	1,230	1,89	2,32
2	10.00x Lomo Embuchado		
	0,155	22,90	3,55
3	21.00x Ron añejo 70cl		
+ 1 Un x			12,90

Importe total

TOTAL (3)   18,77

Base imponible de cada tipo de IVA

I.V.A.	Base	T.Iva	Total
4,00x	2,23	0,09	2,32
10,00x	3,23	0,32	3,55
21,00x	10,66	2,24	12,90

2 600015 018772

GRACIAS POR SU VISITA

Descripción factura simplificada

TAREA 1

Manuel, uno de los trabajadores del restaurante TRQ, ha decidido emprender un nuevo camino asociándose con Ernesto, dueño del restaurante. Se trata de ofrecer una oferta haciendo uso de un *food truck*, ofreciendo comida rápida *gourmet* en todo el territorio español e incluso en países cercanos como Portugal o Francia.

A la hora de prestar sus servicios, le ha surgido la duda de si cuando cobre por ellos, ha de emitir factura, tique o cualquier otro tipo de documento o no dar

Continúa en página siguiente >>

<< Viene de página anterior

nada al cliente como justificante del cobro. Además, le han planteado un servicio en un concierto ofreciéndole a cambio un cobro aproximado de unos 9.000 €.

Ayuda a Manuel en su duda en función de la legislación vigente española y genera la documentación asociada al cobro del servicio planteado.

Justifica tu respuesta dando a conocer el procedimiento a llevar a cabo.

2.7. Facturas recapituladas, duplicadas y rectificativas

En algunas ocasiones, es muy frecuente que por necesidades administrativas, organizativas, contables, etc. se requiera por parte del sujeto que expide o que recibe la factura que esta contenga una determinada información e incluso modifique los elementos que contiene otra u otras facturas. Para ello, la legislación prevé estos supuestos en los artículos 13, 14 y 15 del Real Decreto 1619/2012, **facturas recapitulativas, duplicados de facturas y facturas rectificativas.** Siendo su descripción la siguiente:

Facturas recapitulativas
- Es posible que el sujeto que recibe la factura le solicite al que la expide una única factura donde se aglutinen distintas prestaciones de servicios realizadas por este en distintas fechas. En este supuesto el artículo 13 permite la realización de una única factura en la que se incluyan distintas operaciones realizadas en distintas fechas para un mismo destinatario, siempre y cuando las mismas se hubiesen realizado dentro del mismo mes natural en el que se hayan efectuado las operaciones que se documenten en ellas. No obstante, cuando el destinatario de estas sea un empresario o profesional que actúe como tal, la expedición debe realizarse antes del 16 del mes siguiente a aquel en el curso del cual se hayan realizado las operaciones.

Continúa en página siguiente >>

<< Viene de página anterior

Facturas duplicadas

- Solo es posible solicitar al empresario o profesional un único original de cada factura, pero en ocasiones es necesaria la solicitud de duplicados de dichas facturas originales. El artículo 14 del Real Decreto 1619/2012, establece que la expedición de duplicados solo será posible en los siguientes casos:
  - Cuando en una misma entrega de bienes o prestación de servicios concurriesen varios destinatarios. En este caso, deberá consignarse en el original y en cada uno de los duplicados la porción de base imponible y de cuota repercutida a cada uno de ellos.
  - En los supuestos de pérdida del original por cualquier causa.
- En dichos duplicados se hará constar de manera fehaciente la palabra duplicado, teniendo dichos duplicados la misma eficacia que las facturas originales.

Facturas rectificativas

- La factura rectificativa es en sí misma una factura distinta a la emitida originalmente. En dicha factura se harán constar los datos identificativos de la factura rectificada. No existe un plazo determinado para la expedición de la factura rectificativa; no obstante, la legislación establece que deberá realizarse tan pronto como el obligado a expedirla tenga constancia de los hechos que motivan a su realización siempre y cuando hubiesen transcurrido cuatro años a partir del momento en que se devengó el impuesto.

2.8. Registro de operaciones

El proceso de facturación conlleva un control exhaustivo, siendo necesario llevar a cabo un registro de todas las operaciones de compraventa y/o de prestación de servicios que se realicen en el ejercicio de sus actividades.

Este registro de las operaciones se realiza en el denominado registro de facturas recibidas y libro de registro de facturas emitidas, ambos documentos descritos por la normativa vigente, indicándose como datos a incluir los siguientes:

➲ **Registro facturas emitidas:** un ejemplo de los datos del libro de facturas emitidas es el siguiente:

N.º y serie	Fecha expedición	Fecha realización operaciones	Apellidos, nombre, razón social	NIF del destinatario	Base imponible	Tipo	Cuota	Total factura

- **Registro facturas recibidas:** en cuanto a las facturas recibidas, los empresarios o profesionales deberán numerar correlativamente todas las facturas, justificantes contables y documentos de aduanas correspondientes a los bienes adquiridos o importados o a los servicios recibidos en el desarrollo de su actividad empresarial o profesional.

Un ejemplo del libro de facturas recibidas es el siguiente:

N.º y serie	Fecha expedición	Fecha realización operaciones	Apellidos, nombre, razón social del obligado a expedir	NIF del obligado a expedir	Base imponible	Tipo	Cuota

Todos los libros de registro deben reunir una serie de **requisitos formales** para que cumplan con la legislación vigente; por ello, los libros deben llevarse atendiendo a los siguientes criterios:

- Claridad y exactitud.
- Por orden de fechas.
- Sin espacios en blanco, interpolaciones, raspaduras ni tachaduras.
- Los errores u omisiones deben salvarse a continuación, inmediatamente a que se adviertan.
- Las anotaciones registrales deberán ser hechas expresando los valores en euros.
- Las páginas deben estar numeradas correlativamente.

Para la realización de las anotaciones registrales en los diferentes libros, existen una serie de plazos a tener en cuenta por parte de los empresarios o profesionales:

En relación con las facturas expedidas
- Las operaciones deben estar anotadas cuando se realice la liquidación y pago del impuesto relativo a dichas operaciones y, en cualquier caso, antes de que finalice el plazo legal para realizar la referida liquidación y pago en periodo voluntario.

Cuando no se expida factura o se expidan documentos sustitutivos
- Debe anotarse en el plazo de 7 días desde la realización de las operaciones o de la expedición de los documentos.

En relación con las facturas recibidas
- Deberán anotarse por el orden en que se reciban y siempre dentro del periodo de liquidación en que proceda efectuar su deducción de cara al impuesto sobre el valor añadido.

Cuando se registran operaciones intracomunitarias
- Deberán anotarse en el plazo de siete días a partir del momento de inicio de la expedición o transporte de los bienes a las que dichas facturas se refieren.

3. Gestión y control

👉 HILO CONDUCTOR

En el restaurante TRQ se va a celebrar un ágape familiar para el cual se va a destinar todo el salón. Dicha contratación supone el cierre del restaurante, por lo que se requiere de un anticipo que asegure una rentabilidad adecuada frente a posibles cambios de última hora por parte del cliente. Al mismo tiempo, el ágape requiere de un complejo montaje, lo que supone una inversión extra.

Continúa en página siguiente >>

<< Viene de página anterior

Por ello, desde gerencia se redacta un contrato en el que se recoge tanto la cuantía de reserva como la forma y plazos de pago y posible cuantía de cancelación.

Independientemente del sector al que se dedique el empresario o profesional, la gestión y control de la empresa es vital para el buen funcionamiento de la misma y para asegurar un futuro de la empresa dentro de un mercado cada vez más competitivo e innovador a la par que exigente.

Por ello, la llevanza de la contabilidad al día, el uso de la contabilidad analítica para el control de los costes, la utilización de presupuestos de tesorería para determinar los flujos de caja y las previsiones de pago a corto plazo, etc. son herramientas fundamentales que van a proporcionar la información necesaria al empresario restaurador para la consecución de sus objetivos empresariales. Algunos restaurantes fracasan, no por circunstancias relacionadas con el servicio o la comida, sino por una mala gestión económica del negocio y la adopción de malas inversiones.

3.1. Documentación asociada a la gestión de cobros

El tipo de documentación que se produce y se recibe en una empresa dedicada al sector de la restauración es prácticamente el mismo que el que se puede producir en cualquier otro tipo de empresa. A excepción de la comanda, documento genuino de las empresas restauradoras y que no es posible encontrar en otro tipo de negocio, el resto de documentos no varía del resto de empresas de otros sectores.

Facturas, documentos de cobro y pago, como son los cheques, pagarés y letras de cambio, fichas de inventario, documentos bancarios, documentos relacionados con el personal, como las nóminas o recibos de salario, documentos relativos a la Seguridad Social de los trabajadores, documentos relativos a las obligaciones fiscales del empresario o de la empresa con la Agencia Tributaria, etc., son algunos de los documentos que los empresarios y profesionales dedicados al sector de la restauración deben estar acostumbrados a usar cotidiana o frecuentemente y a ser capaces de entender y, en la mayoría de los casos, a cumplimentar para **cumplir con las obligaciones que la legislación les establece.**

Anticipos y depósitos

En la actualidad, existe una gran oferta dentro del sector de la restauración, lo que puede dar lugar a que la demanda, ante variaciones sustanciales del precio del servicio, elija en el último momento la elección del local donde vaya a recibir los servicios. En muchas ocasiones, los servicios que se prestan por parte de las empresas restauradoras requieren una compleja organización de medios personales y materiales, haciendo que un cambio a última hora por parte de los clientes provoque graves consecuencias y daños económicos al empresario; la disminución del número de comensales, cambios sustanciales en el menú o, como caso extremo, la cancelación del evento pueden acarrear para el empresario elevados costes y repercutir sustancialmente en su cuenta de resultados del mes.

En grandes celebraciones y eventos el empresario podrá exigir un depósito o anticipo con mayor frecuencia.

Por esta circunstancia, y para evitar las posibles pérdidas debido a estos cambios de última hora, se utiliza la fórmula del **cobro de anticipos** o **depósitos.** Así, el empresario obtiene cierta seguridad por parte de su cliente de la no cancelación del evento o modificación sustancial del mismo y, por otro lado, los elevados costes de organización de determinados eventos son en parte sufragados con dichos anticipos o depósitos, no asumiendo todo el riesgo el empresario ante posibles modificaciones o cancelaciones.

 **DEFINICIÓN**

Anticipo o depósito
Cantidad de dinero entregada por el cliente que contrata la prestación del servicio como parte del pago del mismo.

En la actualidad, los anticipos o depósitos son el medio para la formalización de cualquier evento y vendrán regulados en los contratos que habrán de formalizarse al contratar el servicio.

En dichos contratos se estipula:

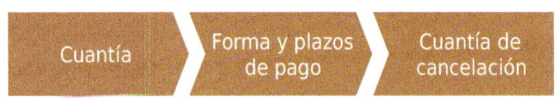

IMPORTANTE

No existe un formato definido para su formalización por escrito, por lo que, al igual que los contratos, puede realizarse de forma verbal, aunque es muy recomendable que se encuentre detallado por escrito para que en caso de desacuerdo siempre quede constancia de lo que ambas partes acordaron y firmaron.

Facturación y cobro

Dado que en restauración el cobro de las prestaciones de los servicios se realiza en su gran mayoría al contado, el proceso de facturación no puede comenzar hasta que se realiza el proceso de apertura de la caja o de las cajas con las que cuente el establecimiento. Así, se requiere imponer este proceso en torno a los siguientes casos:

- **Proceso de apertura:** este proceso de apertura consiste en contar el dinero en efectivo (monedas y billetes) existentes en la caja física, con el objetivo de proporcionar cambio suficiente a la hora de realizar el cobro de las facturas a los distintos clientes. Este saldo de apertura es anotado para su posterior utilización en el proceso de cierre de caja al finalizar el servicio del día.
- **Durante el servicio:** una vez que el servicio comienza, las demandas de los clientes son anotadas en sus correspondientes comandas, las cuales son traspasadas al proceso de facturación para su cobro una vez finalizado el servicio.
- **Finalizado el servicio:** la factura o factura simplificada a realizar por el personal encargado deberá cumplir con los requisitos establecidos en el Real Decreto 1619/2012, aplicando el correspondiente tipo de IVA al

total de la base imponible para obtener, de esa forma, la cuota tributaria y determinar el total de la factura.

‒ **Emitida la factura:** una vez que la factura se ha emitido y se le ha proporcionado al cliente, este la abonará bien de forma aplazada o al contado. El cobro de la factura de forma aplazada no es una manera usual de satisfacer la deuda en este tipo de empresas, ya que, por norma general, al ser los importes facturados relativamente pequeños, la forma elegida para el cobro de la factura es mediante contado.

‒ **Cobro:** en el momento de realizar el cobro de la factura al cliente por los servicios prestados, el responsable de dicha tarea, en el caso de que el cobro de la factura se realice en efectivo, deberá comprobar que los billetes entregados no sean falsos mediante las técnicas o medios establecidos para ello, siempre siendo todo lo respetuoso y discreto que le sea posible para no incomodar a los clientes.

En el supuesto de que el cobro de la factura se realice mediante tarjeta de crédito o débito, el responsable deberá exigir al cliente un documento que acredite la identificación del titular de la tarjeta para, posteriormente, y siempre sin que el cliente pierda de vista su tarjeta, proceder al cobro de la factura mediante la utilización del terminal punto de venta o datáfono.

‒ **Cierre de caja o arqueo:** cuando el proceso de cobro ha llegado a su fin, el responsable de la caja o cajas con las que cuenta el establecimiento debe realizar el proceso denominado cierre de caja o arqueo. Este proceso consiste en determinar el importe de la misma teniendo en cuenta el saldo con el que se contaba en el momento inicial o de apertura, más los cobros y menos los pagos realizados.

Durante el cobro de la prestación del servicio, el trato con el cliente debe ser cuidadoso.

No podrán expedirse facturas que no contengan el correspondiente Impuesto sobre el Valor Añadido ni tampoco por servicios no prestados, ya que en dichos supuestos se estaría cometiendo graves infracciones fiscales. El importe total de la factura se determinará mediante la suma de los importes brutos de cada uno de los servicios prestados (base imponible), a la que se le aplica el tipo de IVA o tipo de gravamen (10 o 21 % en función del tipo de servicio). La cantidad obtenida se denomina cuota tributaria, la cual es sumada a la base imponible para la determinación del total de la factura (base imponible + cuota tributaria).

> suma de los importes brutos = base imponible
> base imponible x tipo impositivo = cuota tributaria
> base imponible + cuota tributaria = total factura

NOTA

Solo en aquellos eventos en los que el importe de la factura puede ser considerable, y siempre que el empresario o profesional restaurador lo permita, puede satisfacerse el pago de la misma mediante una forma aplazada, bien mediante su financiación o mediante documentos de pago, como los pagarés o las letras de cambio.

Medios de pago

En la actualidad existen multitud de medios de pago, desde los más comunes y tradicionales, como las tarjetas de crédito y de débito, cheques, pagarés y letras de cambio, hasta los más actuales, basados en las nuevas tecnologías, como los pagos a través del móvil (*wallets* digitales), *PayPal,* etc. No obstante, para las empresas dedicadas a la restauración, siguen siendo los medios de pago más habituales el pago al contado, mediante tarjeta de débito o de crédito, así como los cheques, o el pago aplazado mediante pagarés y letras de cambio.

A continuación, se describen cada uno de los medios de pago más significativos en este sector:

Tarjetas de crédito y débito

Las tarjetas de débito son aquellos medios de pago emitidos por una entidad financiera en la que el pago del servicio o del bien adquirido se **carga automáticamente en la cuenta** que posee el titular de la tarjeta en su entidad bancaria, permitiendo el cobro en la misma hasta el límite de fondos existente en su cuenta bancaria.

Este tipo de tarjeta es útil, permitiendo un control del gasto, ya que al generar un cargo directo de la compra, es necesario que exista un saldo suficiente para ello, lo que permite el control sobre los gastos.

Es posible retirar mediante **tarjeta de débito** todo el saldo existente en la cuenta asociada a dicha tarjeta; no obstante, las entidades bancarias establecen un máximo diario con el objeto de evitar la retirada de todos los fondos ante los posibles hurtos que pueda sufrir el titular de la tarjeta.

Por el contrario, las tarjetas de crédito, igualmente emitidas por una entidad financiera, son medios de pago aplazado, ya que permiten al titular de la misma aplazar el pago en el tiempo o fraccionar el pago de la compra. En estos supuestos, el titular de la tarjeta de crédito pagará el importe de la compra efectuada en la forma y plazos establecidos más un interés por el aplazamiento o fraccionamiento de la misma.

Cheques

El cheque es un documento que contiene una **orden de pago** de una determinada cantidad de dinero dirigida a un banco o entidad de depósito donde el emisor del cheque dispone de fondos suficientes para el pago. No es una forma muy usual de pago en un establecimiento dedicado a la restauración, pero en ocasiones, y dependiendo de la cantidad total a satisfacer, es muy recomendable el uso de este medio de pago.

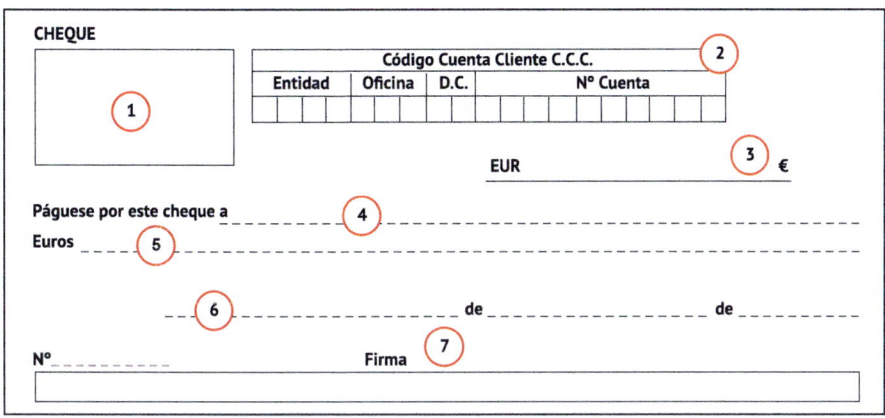

Elementos que intervienen en el cheque

1. Entidad bancaria (librado), agencia y domicilio de la misma.
2. Número de la cuenta corriente del librador.
3. Cantidad que se tiene que pagar expresada en números.
4. Persona o personas a quien va dirigido el cheque (nominativo o al portador).
5. Cantidad a pagar expresada en letra. Se considerará válida la expresada en número en caso de error.
6. Fecha y lugar de emisión del cheque.
7. Firma del que extiende el cheque (librador).

Pagarés

El pagaré es otro documento de pago por el que se obliga a pagar al tenedor del mismo, o a la orden, una determina cantidad en una fecha o lugar determinado. Por tanto, es una **forma de pago aplazado.** La principal diferencia con un cheque es que este no es una orden o mandato de pago que se da a un tercero, sino una promesa de pago.

- ⮑ La denominación del pagaré inserta en el mismo título.
- ⮑ La promesa de pago de una determinada cantidad.
- ⮑ La fecha de vencimiento.
- ⮑ El lugar de pago.
- ⮑ El nombre de la persona a quien ha de hacerse el pago.
- ⮑ Fecha y lugar en el título que se firma el pagaré.
- ⮑ Firma de la persona que emite el título.

BT BANCO TERNA Puerta de Toledo, 37 28019 Madrid	CÓDIGO CUENTA CORRIENTE				
	IBAN	ENTIDAD	OFICINA	D.C.	Nº DE CUENTA

Vencimiento_____ de _____ de 20__   €_____

POR ESTE PAGARÉ ME COMPROMETO A PAGAR EL DÍA DEL VENCIMIENTO INDICADO

A_____

Euros_____

_____ a _____ de _____ de 20 ____
(La fecha debe consignarse en letra)

Firma

Nº   **DOCUMENTO NO TRUNCABLE**   p.p.

35589963212056   1589   60000011225

Modelo de pagaré a la orden

3.2. Documentación asociada a la gestión de compras y almacenado

Cada establecimiento puede determinar su gestión en torno al proceso de compras; no obstante, la documentación asociada al proceso es común, teniendo como objetivos mantener un nivel de existencias de materias primas suficientes para satisfacer las necesidades de los clientes y asegurar la calidad de los productos; para ello, es primordial una correcta identificación, codificación y colocación de las materias, así como la implantación de un **sistema de recepción y almacenamiento de la mercancía** que permita una correcta conservación de los productos.

Para ello, es representativa la siguiente documentación.

Propuesta de pedido (vale de pedido interno)

Se trata de la **hoja de pedido** que expide cualquier departamento al Departamento de Economato o Compras. En ella se anotan las referencias que son requeridas pasando a ser preparadas para su retiro. Este documento, a su vez, se coteja para saber la situación de *stock* del almacén, facilitando posibles órdenes de compra futuras. Al mismo tiempo, el control de este documento expone el consumo de cada departamento.

Este documento debe ser firmado por el responsable del departamento solicitante, siendo entregada dentro del horario estipulado. Dicho registro documental se introducirá en el sistema informático, facilitando la elaboración del **inventario permanente.**

Orden de compra

Se trata del documento generado por el responsable de almacén o compras para solicitar a proveedores externos la mercancía que permita la reposición del almacén.

Este documento es muy importante, ya que también será utilizado para comprobar la mercancía en el proceso de recepción.

Albarán

Se trata del documento expedido por el proveedor como **justificante de la entrega de mercancía.** Se hace al menos por duplicado, quedando el original en manos del proveedor, como justificante de haber entregado la mercancía, y otro para el responsable de almacén, sirviendo como comprobante en torno a la emisión de la factura.

En el albarán se anotarán tantas incidencias existan para después ser trasladadas a la factura final.

Será firmado por el responsable de almacén.

El albarán mostrará los datos del proveedor, así como la mercancía recibida, considerándose fundamentales los siguientes datos:

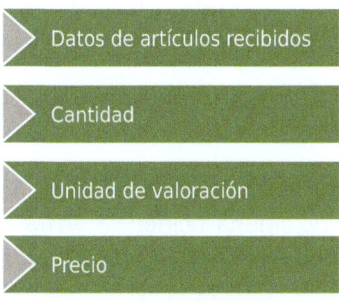

Datos de artículos recibidos

Cantidad

Unidad de valoración

Precio

Factura

Se trata del **documento oficial** en el que se recoge el albarán o albaranes emitidos durante un periodo. Este documento es emitido por el proveedor, quedando en manos del responsable de compras.

La formalización de la factura debe cumplir con las exigencias legales actuales, siendo datos mínimos los siguientes: número de factura, nombre comercial del proveedor, datos de contacto, número de registro sanitario, periodo de facturación, nombre y datos fiscales del cliente, número de albarán o albaranes que recoge, plazos de pago...

Informe diario de compras

Se trata de un documento en el que se recogen todas las compras realizadas, dando a conocer el producto, el proveedor, la cantidad, el precio... Este informe servirá como comprobante en torno a la gestión posterior de facturación.

Memorando de retornos

Se trata de un registro en el que se exponen los posibles **retornos realizados al proveedor.** Esta acción es muy común en torno a los envases de bebidas, que tienen un valor y son retirados por el proveedor. También puede ser utilizado para registrar el rechazo de algún producto que no se haya admitido.

Informe diario de salidas

Se trata de un documento resumen en el que se anotan todos los artículos que han salido del almacén a lo largo del día.

Parte de bajas

Se trata del registro de aquellos productos que estando en nuestras instalaciones han sufrido alguna incidencia. Se trata de **salidas justificadas por rotura, vencimiento de fecha...** En este documento se anotará el motivo de la baja, la cantidad de producto, así como otros datos de interés que la justifiquen. Se trata de un documento interno de control que aunque no suele ser habitual en pequeñas empresas, su uso propicia la buena gestión del establecimiento.

Hoja de incidencias de proveedores

Se trata de un registro dirigido a justificar posibles anomalías producidas durante el proceso de recepción de mercancías. En él se debe especificar el nombre del proveedor, fecha y hora de recepción de la mercancía, la anomalía detectada, así como la posible solución adoptada.

Otro de los documentos utilizados en el proceso de compras es el **inventario,** el cual nos permite conocer las existencias en *stock*. Al mismo tiempo, el inventario permite detectar cualquier desviación en torno a consumos previstos y la realización del balance financiero.

La frecuencia estimada en torno a la realización del inventario dependerá del tipo de inventario a llevar a cabo, diferenciando entre:

⮱ **Inventario periódico:** el inventario periódico requiere el recuento real del *stock*. Para ello, se emite un listado con la lista de todos los artículos que se encuentran en el almacén o distintos almacenes, permitiendo anotar el número de existencias reales. Este inventario no tiene presentes las salidas o entradas de mercancía y su elaboración suele ser mensual para los alimentos y trimestral, semestral o incluso anual para las herramientas y equipos.

Las unidades de medida utilizadas para la realización del inventario suelen ser las mismas que las utilizadas en el proceso de compra. Así, por ejemplo, si las bebidas son adquiridas por botellas, se podrá contabilizar por unidades o partes de esa unidad. En cambio, si el aceite se adquiere por litros, se estimará dicha medida para su contabilización. Así, no habrá errores de cara al proceso contable.

La periodicidad de realización del inventario periódico será impuesta por la empresa, siendo dependiente de su gestión, ya que se trata de un sistema de control interno.

Departamento:

Fecha:

Orden anotación:

Responsable elaboración:

Código de referencia	Producto	Grupo	Familia	Subfamilia	Unidad contable	Cantidad	Unidad de compra	Coste unidad

Inventario periódico

⊃ **Inventario permanente:** se trata de un sistema de control continuo, de modo que cada entrada o salida del almacén queda registrada. Con el inventario permanente es posible saber el consumo en un espacio de tiempo determinado, pudiendo además sumar las entradas, lo que facilita el *stock* actual.

Esta referencia es fundamental para un posible cálculo del *stock* mínimo y de seguridad.

Departamento:
Artículo:
Stock mínimo:
Stock máximo:
Responsable control:

Fecha	Cantidad entregada	Precio entrada	Cantidad salida	*Stock* actual
Stock final				

Inventario permanente

4. Registros contables

☞ HILO CONDUCTOR

Irene, junto con la ayuda de Ernesto, dueño del restaurante TRQ, revisan el libro diario con el fin de detectar cualquier irregularidad, ya que a partir de su seguimiento se cumplimentará a continuación el libro mayor.

Un error en el proceso desestabilizará las cuentas, no ofreciendo datos reales de las transacciones llevadas a cabo en la empresa y, por tanto, no correspondiéndose con los asientos que su realización requiere.

Todos y cada uno de los hechos económicos que se producen en los establecimientos dedicados a la restauración y que afecten al patrimonio del mismo han de ser registrados por el departamento de administración o de contabilidad para que este pueda obtener la información necesaria y deseada en relación con la marcha del negocio, así como con la situación económica y financiera de la empresa.

Estos registros deben recoger todo movimiento contable de la empresa, dando a conocer su situación financiera.

4.1. El libro diario y el libro mayor

Se trata del registro documental más importante a considerar, permitiendo el **registro diario de las transacciones** llevadas a cabo por la empresa, utilizando los asientos contables como medio para realizar dichas anotaciones.

Libro diario

Se trata del **registro contable principal** de toda empresa, permitiendo anotar todas las operaciones que se llevan a cabo (compras, ventas, cobros de clientes, gastos de personal, constitución de préstamos...).

Las anotaciones se llevarán a cabo de forma cronológica. Dichas anotaciones se contabilizan mediante **asientos contables** según se produzcan.

La cumplimentación del libro diario requiere incluir una serie de datos mínimos, siendo:

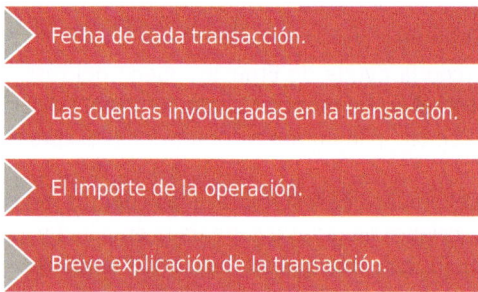

> Fecha de cada transacción.

> Las cuentas involucradas en la transacción.

> El importe de la operación.

> Breve explicación de la transacción.

Cada uno de los asientos se compone de dos apuntes o anotaciones, siendo una el DEBE (parte izquierda) y otra el HABER del asiento (parte derecha). La suma total del DEBE tiene que ser igual a la suma total del HABER. Siendo un ejemplo de estructura la siguiente:

Debe	Cuenta contable	Concepto	a	Concepto	Cuenta contable	Haber
Importe en €	Código y nombre de la cuenta contable que se carga	Concepto del apunte		Concepto del apunte	Código y nombre de la cuenta contable que se abona	Importe en €

NOTA

En cada apunte debe aparecer la fecha de la operación.

Libro mayor

El libro mayor es un libro de uso generalizado en las empresas, permitiendo recoger, para cada cuenta, los **registros de valores que se han introducido en la contabilidad** a través de los asientos en el libro diario.

La utilidad del libro mayor es poder conocer el comportamiento y movimientos que ha tenido una cuenta determinada durante un periodo de tiempo sin necesidad de ir viendo en el libro diario operación por operación y seleccionando aquellas en la que la cuenta que se quiere analizar ha intervenido.

Tradicionalmente, el libro mayor considera una representación esquemática en forma de T de las cuentas, siendo un ejemplo:

Debe	Bancos	Haber
6.800,00		1.360,00
800,00		15,00
1.000,00		
Saldo deudor 7.225,00		

No obstante, en la actualidad, las aplicaciones informáticas que gestionan esta documentación presentan un formato de tabla, permitiendo ver las operaciones que se han realizado con la cuenta sobre la que se pide información, mostrándose como ejemplo:

Cuenta	Bancos

Fecha	Núm. Asiento	Concepto	Debe	Haber	Saldo
01/01/2024	1	- Asiento apertura	6.800,00		6.800,00
15/01/2024	25	- Ingreso en efectivo	800,00		7.600,00
22/01/2024	39	- Pago factura 25 de proveedor "y"		1.360,00	6.240,00
28/03/2024	45	- Cobro factura 3 de cliente "A"	1.000,00		7.240,00
29/03/2024	50	- Pago comisiones servicios		15,00	7.225,00

 TAREA 2

Tras los primeros días de actividad, Manuel ha tenido que adquirir diferentes materias primas y bienes necesarios para la realización de su actividad restauradora. Tiene unas cuantas facturas recibidas de sus proveedores y le han comunicado que tiene la obligación de realizar un libro de registro de las facturas recibidas.

Adquirido un libro de registro, ayuda a Manuel a cumplimentarlo teniendo en cuenta los siguientes datos:

- Factura 1: Fecha (12/01/2024). Comercial Alimenticia Española. NIF: A41398456. Polígono Industrial El Romeral, nave 7 (Sevilla). Total factura: 3.950 €. IVA: 10 %.
- Factura 2: Fecha (15/01/2024). *Software* TPV. NIF: B18934500. C/ Fuensanta 8, Loja (Granada). Total factura: 690 €. IVA: 21 %.
- Factura 3: Fecha (28/01/2024). Alimentación DIH. NIF: A2899300. C/ Gran Capitán 21 (Madrid). Total factura: 2.900 €. IVA: 10 %.
- Factura 4: Fecha (03/02/2024). Alimentación Romeral. NIF: 34876222X. C/ Brunete 16, Fuenlabrada (Madrid). Total factura: 1.300 €. IVA: 10 %.

Para el cálculo de la base imponible, basta con dividir el total de factura por 1 + tipo de IVA en tantos por uno (ejemplo: 1 + 0,21 = 1,21).

4.2. Cuentas anuales (balance de situación, cuentas de pérdidas-ganancias y memoria)

Además del libro diario y del libro mayor, todo establecimiento de restauración requiere presentar anualmente las denominadas **cuentas anuales,** estando descritas por el balance de situación, las cuentas de pérdidas-ganancias y la memoria.

Cada uno de estos informes se presenta y se describe a continuación.

Balance de situación

El balance de situación es el informe que recoge de forma estática la situación económica y financiera de una empresa. Su análisis permite obtener información sobre la situación, capacidad y calidad de las deudas que posee la empresa, la liquidez y capacidad de pago a corto y largo plazo.

El balance de cualquier empresa se estructura de la siguiente forma:

Activo	Pasivo y patrimonio neto
Activo no corriente	**Patrimonio neto**
Inmovilizado	Capital
Inversiones	Reservas
	Otros
Activo corriente	**Pasivo no corriente**
Existencias	Deudas a largo plazo
Deudores	Acreedores no corrientes
Inversiones	**Pasivo corriente**
Periodificaciones	Acreedores
Efectivo	Deudas a corto plazo

En el ACTIVO se deben detallar todos los bienes y derechos que posee la empresa; por el contrario, el PASIVO se denomina estructura financiera de la empresa, incluyéndose todas las fuentes de financiación de los elementos del activo.

Estas cuentas contables, en el caso de las pymes (siendo normalmente la denominación dada a los establecimientos de restauración), se agrupan en 7 grupos, siendo:

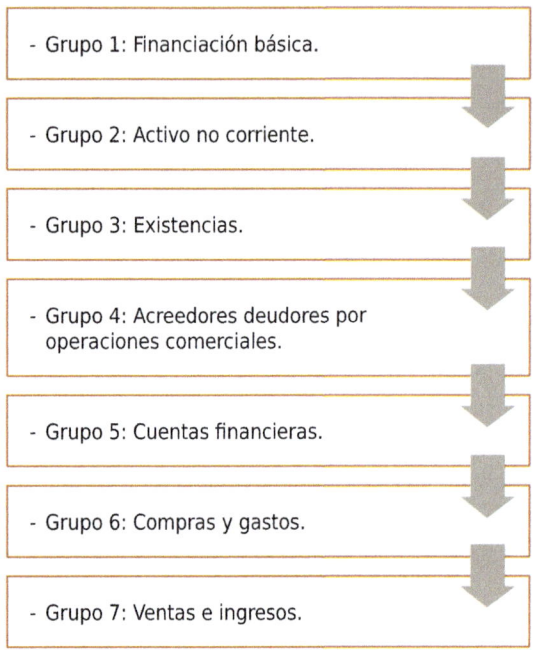

- Grupo 1: Financiación básica.

- Grupo 2: Activo no corriente.

- Grupo 3: Existencias.

- Grupo 4: Acreedores deudores por operaciones comerciales.

- Grupo 5: Cuentas financieras.

- Grupo 6: Compras y gastos.

- Grupo 7: Ventas e ingresos.

Cuentas de pérdidas-ganancias

La cuenta de pérdidas y ganancias es la representación contable del resultado de las empresas, reflejando los gastos e ingresos incurridos durante el ejercicio económico debidamente clasificados en función de su naturaleza.

- ⊃ Conocer el comportamiento de una empresa en sus aspectos productivos y comerciales.
- ⊃ Establecer el resultado obtenido en un periodo acabado.
- ⊃ Sirve como base de análisis de costes.
- ⊃ Sirve como base para la elaboración de presupuestos para siguientes periodos.

El Plan General de Contabilidad (PGC) establece cómo debe presentarse la cuenta de pérdidas y ganancias en las cuentas anuales, siendo un modelo abreviado el presentado a continuación:

https://redirectoronline.com/hotr044po0102

Estado de cambios en el patrimonio neto

El patrimonio neto de una empresa es el resultado de restar al activo el pasivo de la misma. Se encuentra compuesto principalmente del capital social de la empresa (aportaciones de los socios) y las reservas (beneficios no distribuidos).

La finalidad del estado de cambios en el patrimonio neto (ECPN) es ampliar la información de los movimientos que se suceden en el patrimonio neto. Este estado financiero se compone de dos secciones:

Estado de gastos e ingresos reconocidos	**Estado total de cambios en el patrimonio neto**

https://redirectoronline.com/hotr044po0103	*https://redirectoronline.com/hotr044po0104*

Estado de flujos de efectivo

Este estado financiero se utiliza para conocer la **naturaleza y utilización de las corrientes de efectivo** de la empresa y sus equivalentes. En él se reflejan los cobros y pagos totales que ha realizado la empresa durante el año, diferenciándolos por categorías (cobros por ventas, cobros financieros, gastos en sueldos, gastos en compras, etc.).

Para su elaboración se dispone de un modelo normalizado en el que se representan en cascada los distintos cobros y pagos. Accede al siguiente enlace para verlo.

https://redirectoronline.com/hotr044po0105

Memoria

La memoria es el documento en el que se presenta de forma **completa, amplia y comentada** la información contenida en los otros documentos que integran las cuentas anuales, por lo que se formulará teniendo presentes, entre otros, estos criterios:

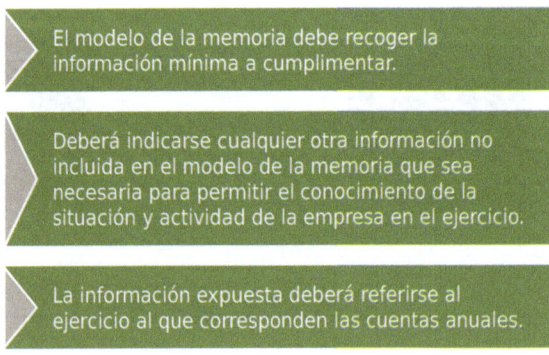

El modelo de la memoria debe recoger la información mínima a cumplimentar.

Deberá indicarse cualquier otra información no incluida en el modelo de la memoria que sea necesaria para permitir el conocimiento de la situación y actividad de la empresa en el ejercicio.

La información expuesta deberá referirse al ejercicio al que corresponden las cuentas anuales.

IMPORTANTE

El contenido oficial de la memoria para pymes es el siguiente:

1. Actividad de la empresa.
2. Bases de presentación de las cuentas anuales.
3. Normas de registro y valoración.
4. Inmovilizado material, intangible e inversiones inmobiliarias.
5. Activos financieros.
6. Pasivos financieros.
7. Fondos propios.
8. Situación fiscal.
9. Operaciones con partes vinculadas.
10. Otra información.

ACTIVIDAD COMPLEMENTARIA

1. A lo largo del contenido has aprendido cuál es el contenido que oficialmente debe incluirse en la memoria para pymes; no obstante, la normativa vigente desarrolla la descripción de cada uno de los principios a incluir.

   Busca información sobre la descripción de cada uno de estos principios, pudiendo hacer uso de fuentes de internet o revistas especializadas.

---

5. Clasificación de las fuentes de información rutinarias

 **HILO CONDUCTOR**

Desde el Departamento de Administración le preguntan a Ernesto, dueño del restaurante TRQ, la frecuencia con la que quiere recibir información sobre los

Continúa en página siguiente >>

<< Viene de página anterior

movimientos y gestión económica de su establecimiento. Ernesto indica que la información rutinaria referida a las compras, las ventas, así como a los gastos generales, los quiere recibir a diario para tener un control pormenorizado al respecto.

- -

Las fuentes de información rutinarias en los establecimientos dedicados al sector de la restauración son aquellas que van a procesar todos aquellos datos más comunes en el día a día de la actividad de la empresa.

A continuación, se describen dichas fuentes de información rutinarias.

5.1. Ventas: mano corriente

Se relaciona con el proceso de cobro una vez concluido el servicio. La comanda es llevada al Departamento de Facturación, que emitirá la factura que será abonada por el cliente. Tras esto, el personal la cobra mediante la forma de pago elegida. Al finalizar la jornada, todas las facturas serán llevadas al Departamento de Administración o Contabilidad para su registro contable.

5.2. Compras: diario de compras

Se trata de un listado de todos y cada uno de los productos que necesita el establecimiento para su puesta en marcha de forma diaria. El diario de compras será elaborado por el responsable de compras, permitiendo una adecuada gestión, contribuir a la reducción de costes y el aumento de calidad de los productos. El diario de compras contribuirá a ayudar al responsable de las mismas, huyendo de las compras de emergencia, relacionadas con mayores costes.

5.3. Coste de ventas: parte de consumos

El método del parte de consumos consiste en registrar de manera diaria todas y cada una de las materias primas y artículos consumidos, no a través de los platos vendidos, sino a través del movimiento de las mercancías.

Para la determinación del coste de las ventas, es posible utilizar cualquier tipo de método, siempre y cuando este refleje los costes reales de los productos, de modo que:

> existencias iniciales + compras – existencias finales =
> coste de las materias primas consumidas

5.4. Nóminas: resumen de nóminas

Se trata del documento de pago de las retribuciones al trabajador por parte del empresario; de este modo, cumple esta una de sus obligaciones principales: la remuneración por el servicio prestado.

Toda nómina va a contener las siguientes partes: cabecera, devengos, deducciones y bases de cotización y retención.

Mensualmente, el responsable de la realización de las nóminas del personal del establecimiento realizará el denominado **resumen de nóminas,** en el cual aparecerán en un único listado todos los trabajadores con los importes de salario bruto, deducciones, cuotas de la Seguridad Social, retenciones y salario líquido, así como un total de dichos importes por cada uno de los departamentos o categorías de personal que conformen la empresa.

1 CONSTRUCCIONES Y PROMOCIONES MURILLO						
Apellidos y nombre	Total deveng.	S. Bruto	Horas extras	Seg. Soc. empleado	Retención I.R.P.F.	Importe neto	Seg. Soc. empresa
CENTRO TRABAJO: 1							
MARTIN SOLANO LEIRE	1.140,00	1.140,00	0,00	80,75	79,80	979,45	321,12
CARRION CARRO JOSE LUIS	1.590,16	1.590,16	0,00	109,59	174,92	1.305,65	537,59
SALGADO RUIZ MARÍA	1.000,00	1.000,00	0,00	0,00	20,00	980,00	0,00
SAEZ BRAVO ANGEL	4.039,90	4.039,90	0,00	195,20	484,79	3.359,91	1.151,25
JIMENEZ ANTUNEZ ISIDRO	2.488,35	2.488,35	0,00	173,45	298,60	2.016,30	1.022,93
Total 1: 5	10.258,41	10.258,41	0,00	558,99	1.058,11	8.641,31	3.032,89
CENTRO TRABAJO: 2							
LAZARO MUÑOZ MANUEL	1.200,00	1.200,00	0,00	74,67	113,52	1.011,81	447,99
GRADOS MARTINEZ YONATAN	3.361,35	3.361,35	0,00	195,20	470,59	2.695,56	1.151,25
Total 2: 2	4.561,35	4.561,35	0,00	269,87	584,11	3.707,37	1.599,24
Total empresa: 7	14.819,76	14.819,76	0,00	828,86	1.642,22	12.348,68	4.632,13

Ejemplo resumen de nómina

5.5. Gastos generales. Parte de gastos

La gestión de un establecimiento de restauración implica gastos generalizados, como son los relacionados con: la gestión administrativa, gastos publicitarios, gastos de operaciones (mantenimiento, suministros, etc.), gastos financieros, así como otros gastos, relacionándose con la expedición de licencias, pago de tasas, contribuciones, asesorías, etc.

5.6. Caja y bancos. Liquidación de la caja

Se debe procurar que tanto los saldos de las cuentas bancarias como los saldos de las cajas coincidan con lo que la contabilidad de la empresa dice.

Para ello, de forma periódica se comprobarán los extractos bancarios, pudiendo determinar si algún movimiento no ha sido tenido en cuenta por la contabilidad, requiriendo de su registro contable.

Las cajas deben ser arqueadas diariamente y su saldo debe quedar registrado en la contabilidad con el objeto de conocer en todo momento la cantidad de dinero en efectivo que se encuentra en el establecimiento.

6. Clasificación de las fuentes de información no rutinarias

☞ HILO CONDUCTOR

La realización de inventarios del restaurante TRQ se lleva a cabo mensualmente y también son entregados a Ernesto para que pueda establecer un control sobre ellos. Así, por ejemplo, ha podido detectar un incremento en el gasto de insumos de limpieza en este último mes, coincidiendo con la incorporación de una nueva empleada, por lo que procurará dirigir un mayor control sobre sus acciones para conocer por qué se ha producido dicho incremento, ya que los procedimientos de limpieza están establecidos en sus correspondientes guías.

Las fuentes de información no rutinarias son los procesos aplicados con menor frecuencia, utilizados para preparar los estados financieros, así como los procesos que reflejan juicios, decisiones y suposiciones realizadas por la dirección del establecimiento.

Entre los procesos o documentación asociados, son representativos los siguientes.

6.1. Elaboración de inventarios y valoración

El inventario permite determinar la situación de los *stocks* y para poder analizar si su gestión está siendo adecuada, como ya se indicó, el inventariado puede ser permanente, gracias a la imposición de un control continuo, haciendo uso de las fichas de almacén y diario de compras o bien periódico.

La realización del inventario conlleva una posterior valoración, para la que se tendrá en cuenta el precio de compra, correspondiéndose este con el precio facturado por el vendedor, deducidos cualquier tipo de descuento.

Aunque existen otros métodos de valoración de las existencias, para la valoración de las fichas de inventario se va a realizar el **método del precio medio ponderado (PMP),** siendo su fórmula la siguiente:

> total de existencias + total de compras o entradas /
> cantidad de existencias + cantidad de compras o entradas

 TAREA 3

Irene está supervisando las compras y movimientos de productos almacenados del restaurante TRQ.

Observando los movimientos realizados en los últimos cinco días, se observa que:

- Día 1: Existencias de 5.000 unidades a 10 €/ud.
- Día 2: Compra de 1.000 unidades a 12 €/ud.
- Día 3: Salida de 900 unidades.
- Día 4: Compra de 800 unidades a 15 €/ud.
- Día 5: Salida de 1.300 unidades.

Ayuda a Irene a determinar el valor de las existencias de su almacén mediante el precio medio ponderado y elabora el inventario final del producto que se tiene.

6.2. Análisis de antigüedad de los saldos de clientes

Es necesario conocer los saldos pendientes de cobro de tus clientes, así como saber su antigüedad.

Para ello, existen las siguientes técnicas de análisis financiero:

Análisis comparativo de saldos	**Análisis por antigüedad de saldos**
- Consiste en comparar los saldos de los clientes pendientes de cobro dentro de un periodo determinado.	- Se trata de clasificar los saldos pendientes de cobro de los clientes por fecha de vencimiento.

La herramienta con la que el responsable de la administración del establecimiento analiza los saldos de clientes por antigüedad se denomina balance de saldo de clientes por antigüedad de vencimiento o *ageing balance*.

6.3. Periodificación de gastos pagados por anticipos

La **periodificación** de los gastos pagados por anticipado consiste en imputar, es decir, asignar al ejercicio económico correspondiente la cantidad de gastos que efectivamente se ha realizado en el mismo. Este proceso de periodificación se basa en el principio de imagen fiel de la empresa que la contabilidad ha de cumplir.

En muchas ocasiones existen gastos cuya imputación se corresponde con varios ejercicios económicos. Un ejemplo claro sería el pago de la prima de seguros de incendios del establecimiento. Suponiendo que la prima es anual y comienza el 01/07/X1, se extendería hasta el 30/06/X2 del ejercicio siguiente. Dado que el gasto se ha producido a mitad del ejercicio X1, lo coherente es imputar a este ejercicio solo la mitad de dicho gasto, y la otra mitad al X2.

 **EJEMPLO**

Si se supone un gasto anual de primas de seguros que asciende a 2.800 €, pagados en un solo pago el 15 de julio, dichos 2.800 € corresponderán a un gasto que ocupa un espacio temporal desde el 15 de julio del año presente hasta el 14 de julio de siguiente año. Por tanto, existe una cantidad de gastos que corresponden desde el 1 de enero hasta el 14 de julio que no son gastos del ejercicio presente. Esta cantidad es la que deberá ser periodificada. Para

Continúa en página siguiente >>

<< Viene de página anterior

ello, se calcula mediante una regla de tres teniendo en cuenta el año comercial para el cómputo de los días (360 días al año).

$$2.800----------360$$
$$X----------194$$

194 días equivalen a los 180 días desde enero a junio más los 14 días de julio. El resultado de realizar dicha regla de tres arroja un total de 1.508,89 € de gasto que corresponden a otro ejercicio económico.

En el año presente, el administrador o contable realizará el siguiente asiento:

1.508,89 (480) a (625 prima de seguros) 1.508,89.

Cuando se haya cerrado el ejercicio presente y abierto el siguiente, será necesario revertir el asiento, para contabilizar de ese modo como gasto efectivo el importe correspondiente a dicho gasto anticipado.

1.508,89 (625 prima de seguros) a (480) 1.508,89.

Dicho proceso de periodificación se realiza de manera contable a través de la (480) gastos anticipados, donde se contabilizaría la parte de gasto producida en el ejercicio X1 pero que pertenece al X2.

Posteriormente, en el ejercicio X2 se saldaría la cuenta contable (480), gastos anticipados con cargo a la cuenta de gastos correspondiente, reflejando entonces dicha cuenta el gasto efectivo del ejercicio X2 y que se produjo de manera anticipada en el ejercicio X1.

6.4. Cálculo de amortización y depreciaciones

Toda empresa posee una serie de elementos que van a participar en el proceso de producción de la misma que no son consumidos por esta como las materias primas o los suministros. Estos elementos, como las maquinarias, los propios edificios, etc. son necesarios para la prestación del servicio. A estos elementos se les denomina activos fijos o activos no corrientes.

Estos elementos con el paso del tiempo van quedando obsoletos y además sufren deterioro, por tanto es necesario, para el cumplimiento del objetivo de imagen fiel de la empresa, **registrar dicha variación de valor en la contabilidad.** Esta variación de valor o pérdida de valor de los elementos es lo que se denomina depreciación.

Existen diferentes métodos legales establecidos para determinar la amortización de un bien:

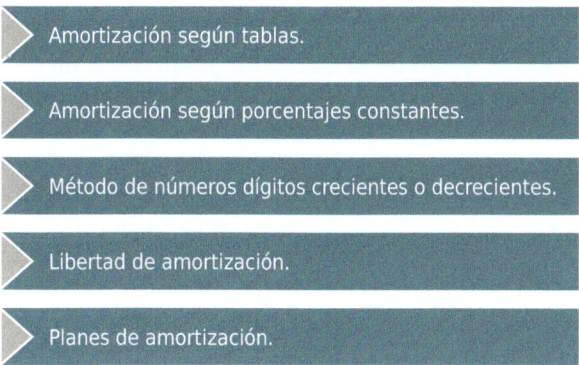

- Amortización según tablas.
- Amortización según porcentajes constantes.
- Método de números dígitos crecientes o decrecientes.
- Libertad de amortización.
- Planes de amortización.

 **PARA SABER MÁS**

En el siguiente enlace puedes ver la Tabla de coeficientes de amortización facilitada por la Agencia Tributaria.

https://redirectoronline.com/hotr044po0101

APLICACIÓN PRÁCTICA

En el restaurante TRQ se ha realizado una campaña publicitaria en radio que se ha extendido durante tres meses (de noviembre de 2023 a enero de 2024). El gasto ha sido de 790 €, pagándolo por adelantado el 1 de noviembre.

Como todo el gasto de la campaña publicitaria no debe ser imputado en un mismo ejercicio, va a proceder a periodificarlo. ¿Cómo lo hará?

Solución

Ten presente que aunque se emita una única factura, si el gasto se corresponde con distintos ejercicios, este debe ser distribuido. En este caso, el gasto total deberá ser divido entre los tres meses, imputando al año 2023 los gastos reales de noviembre y diciembre, y en 2024 el gasto real de enero, quedando los asientos contables de la siguiente forma:

Año 2023

- 790,00 (627) publicidad a (57) caja o banco 790,00
- 263,33 (480 gastos anticipados) a (627 publicidad) 263,33.

Año 2024

- 263,33 (627 publicidad) a (480 gastos anticipados) 263,33.

TAREA 4

Se ha llevado a cabo una importante reforma en el restaurante TRQ habiéndose adquirido los siguientes bienes:

- Sanitarios por valor de: 62.000 €
- Mobiliario para comedor: 55.000 €
- Mobiliario para terraza: 35.000 €
- Cristalerías y mantelerías: 2.500 €
- Instalaciones eléctricas: 3.200 €
- Hornos y maquinaria para cocina: 4.300 €

Continúa en página siguiente >>

<< Viene de página anterior

Ernesto, dueño del establecimiento, sabe que todos estos bienes son susceptibles de ser inmovilizados en el activo de la empresa, pero desconoce cuáles son sus tipos de amortización.

Ayuda a Ernesto a determinar los tipos para que pueda calcular de manera correcta las amortizaciones de dichos bienes de activo no corriente.

7. Resumen

Incluso en las empresas dedicadas a la restauración, las actividades administrativas y contables son cuantiosas y, en ocasiones, complejas. El responsable de la administración del establecimiento se encuentra obligado, salvo excepciones, a expedir facturas a sus clientes, que han de cumplir con los requisitos establecidos en la legislación vigente; asimismo, ha de ser capaz de emitir facturas:

Es muy importante para la buena marcha económica del establecimiento determinar una adecuada política de cobros, anticipos y depósitos. Además, es fundamental que el responsable de caja conozca a la perfección los distintos medios de cobro existentes en el local, así como su cumplimentación, destacando, entre otros los pagarés, cheques y letras de cambio.

Los inventarios y el control del almacén ayudarán a gestionar de manera eficaz las compras, minimizando los costes de aprovisionamiento, aumentando así los márgenes de beneficios de cada uno de los platos y, por consiguiente, el beneficio neto del negocio.

Los inventarios no son la única fuente de información utilizada para la gestión del establecimiento de restauración, sino que se manejan otros informes y datos, clasificados como rutinarios y no rutinarios, siendo:

Rutinarios	- Diarios de compras. - Partes de consumos y gastos. - Liquidación y arqueo de caja.

No rutinarios	- Elaboración de inventarios y valoración. - Análisis de antigüedad de los saldos de clientes. - Periodificación de gastos pagados por anticipos. - Cálculo de amortización y depreciaciones.

Ejercicios de autoevaluación
Unidad de Aprendizaje 1

1. Indica si las siguientes afirmaciones son verdaderas o falsas.

    a. No existe excepción alguna para el empresario para no expedir factura.

-       ■ Verdadero
-       ■ Falso

    b. La ley que establece la obligatoriedad de expedir facturas a los empresarios es el Real Decreto 1618/2011.

-       ■ Verdadero
-       ■ Falso

2. ¿Qué documento está permitido por la legislación como sustituto de las facturas?

    a. La factura simplificada
    b. El inventario periódico
    c. El libro diario
    d. El *wallets*

3. La factura simplificada...

    a. ... podría ser expedida siempre que el importe de la operación no exceda de 3.000 €, incluido el IVA.
    b. ... podría expedirse cuando se trate de ventas al por menor.
    c. ... podría expedirse para justificar los servicios prestados en salas de baile y discotecas.
    d. Todas las opciones son correctas.

4. Los anticipos o depósitos...

    a. ... son movimientos bancarios que no emiten deuda.
    b. ... son el medio para la formalización de cualquier evento y vendrán regulados en los contratos que habrán de formalizarse al contratar el servicio.

c. ... se relacionan con el pago de seguros e impuestos.

d. ... son pagos sin IVA que se dan previamente a la contratación de un evento.

5. Indica cuál de los siguientes tipos de IVA están vigentes.

a. 4 % o tipo superreducido.

b. 10 % o tipo reducido.

c. 21 % o tipo general.

d. Todas las opciones son correctas.

6. Los servicios de restaurante son cargados con:

a. El tipo de IVA superreducido.

b. El tipo de IVA reducido.

c. El tipo de IVA general.

d. Todas las opciones son incorrectas.

7. La cuota tributaria se obtiene...

a. ... multiplicando el importe bruto por el tipo impositivo.

b. ... multiplicando el importe líquido por el tipo impositivo.

c. ... multiplicando la base imponible por el tipo impositivo.

d. ... dividiendo el tipo impositivo por el importe bruto.

8. La periodicidad de realización del inventario periódico será...

a. ... semanal.

b. ... mensual.

c. ... trimestral.

d. ... impuesta por la empresa, siendo dependiente de su gestión.

9. Para el cálculo del _stock_ mínimo y de seguridad, ¿cuál de los siguientes documentos se considera fundamental?

a. El albarán

b. La factura

c. El inventario permanente

d. La orden de compra

10. **Si en el libro mayor aparecen reflejadas en el DEBE las cantidades 7.000, 500 y 960, y en el HABER las cantidades 1.470 y 45. ¿Cuál es el saldo deudor?**

    a. 7.448
    b. 6.945
    c. 6.520
    d. 671

Gestión y control de las cuentas de clientes

Contenido

Objetivos

El objetivo general de esta Unidad de Aprendizaje es:

→ Analizar la gestión y control de las cuentas de clientes, desarrollando las operaciones que le son inherentes con el fin de lograr liquidar en tiempo y forma requeridos.

Los objetivos específicos de esta Unidad de Aprendizaje son:

→ Cumplimentar medios de pago dirigidos a la gestión del establecimiento de la restauración.

→ Realizar el libro de diario de caja.

→ Llevar a cabo una conciliación bancaria.

1. Introducción

En cualquier establecimiento comercial es imprescindible un exhaustivo control de los saldos de las cuentas de los clientes. De su correcta gestión dependerá en muchos casos la liquidez de la empresa, sin la cual no va a ser capaz de hacer frente a los pagos a corto plazo, tales como el pago a proveedores por la compra de materias primas y aprovisionamientos, el pago a sus acreedores por prestación de servicios, como los suministradores de gas, electricidad y agua, el pago de los salarios de los trabajadores, etc.

Por ello, todas aquellas actividades administrativas relacionadas con la tesorería, el cobro a clientes, el pago de facturas, etc. requieren una gestión y control escrupuloso para que bajo ningún concepto el establecimiento se encuentre en situación de falta de liquidez puntual o transitoria.

En base a estas premisas y para ofrecer una mayor practicidad al estudio de la gestión y control de las cuentas de clientes, continuaremos exponiendo los ejemplos o casos acontecidos en el restaurante TRQ.

2. Control de las cuentas de clientes y manejo de efectivo

☞ HILO CONDUCTOR

En el restaurante TRQ se lleva a cabo un exhaustivo control de los cobros, siendo Ernesto el encargado de llevar el efectivo y comprobar los pagos con tarjeta en el banco.

Esta semana se han producido al respecto dos incidencias, referidas a la entrega de un cheque mal cumplimentado y un billete falso.

Ernesto no entiende cómo ha podido pasar esto, ya que todos sus empleados tienen conocimientos al respecto, así como a su disposición un detector de billetes falsos. Hoy mismo repasará el procedimiento impuesto con el fin de evitar que esto pueda volver a ocurrir.

En un establecimiento comercial dedicado a la restauración también es posible encontrar **cuentas de clientes con saldos pendientes de cobro,** relacionándose normalmente con prestaciones de servicios, como grandes celebraciones, bodas, etc., cuyos importes totales son en muchos casos de gran cuantía, requiriendo un control férreo para no descuidar la fecha de cobro o vencimiento de dichas deudas.

Es muy común que parte de las cantidades cobradas a los clientes no se ingresen en caja, sino que se lleven a cabo mediante pago bancario. En ambos casos es igualmente importante la llevanza de un control de los cobros y pagos realizados tanto por caja como por cada una de las cuentas bancarias que posea el establecimiento.

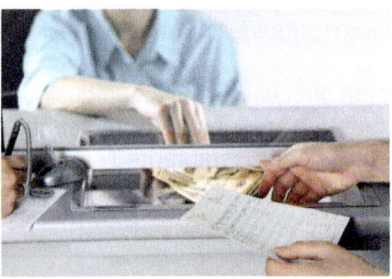

Es recomendable que todas aquellas operaciones de manejo de efectivo en cantidades considerables, así como el manejo de las cuentas bancarias, sean realizadas siempre por la misma persona.

En cuanto al **manejo de efectivo,** es importante especificar criterios de actuación, retirando de la caja física de forma periódica bien al alcanzar una determinada cuantía o, en su defecto, al cerrar la caja a la finalización de la jornada laboral.

El importe de efectivo resultante deberá ingresarse inmediatamente en la cuenta bancaria destinada a tal efecto o guardarse en una caja fuerte en el establecimiento para ser ingresado en la cuenta bancaria con posterioridad. Además, junto con el efectivo, se guardarán en lugar seguro todos aquellos documentos de pago-cobro que se hayan obtenido de los clientes, bien como pago por los servicios o como pago por anticipo o pago a cuenta por los servicios futuros que se les va a prestar según el contrato fijado con ellos.

NOTA

En el control de la caja toma especial importancia la figura del administrador del sistema, pudiendo visualizar en cualquier momento los datos de ventas, cobros, etc.

2.1. Detallar y analizar los documentos de pago según la legislación vigente

En una transacción económica, el pago constituye la conclusión de la transacción pactada, que en nuestro caso es la prestación de un determinado servicio de restauración al cliente/consumidor, existiendo dos modalidades de pago:

- **Al contado:** el pago al contado es aquel que se realiza sin plazo señalado para dicho pago, es decir, se realiza en el acto. Los tipos de pago al contado existentes se clasifican en:

  - Dinero en efectivo, formalizado mediante recibo, factura o tique.
  - Recibo normalizado.
  - Cheque.
  - Transferencia bancaria.
  - Tarjetas de débito o de crédito.
  - Tarjetas comerciales.
  - Otras modalidades, como el pago mediante dispositivos móviles, como *smartphones* o el pago mediante *PayPal,* entre otros sistemas.

- **Aplazado:** por el contrario, el pago aplazado es aquel en el que se ha establecido entre ambas partes, vendedor y comprador, una fecha determinada para la realización del pago. Los tipos de pago aplazado existentes son:

  - Letra de cambio.
  - Pagaré.

Pago al contado

Una vez que el servicio se ha prestado, al cliente se le facilita el importe total de dicho servicio materializado mediante un documento que justifique el cobro de dicha cantidad de dinero. Este documento podrá ser:

Un recibo

Una factura simplificada o tique

Una factura

La factura y la factura simplificada o tique ya han sido presentadas en el contenido de la unidad anterior, por lo que, a continuación, se describirán los tipos de recibo y sus características:

➲ **Recibo:** en el supuesto de que el empresario realizase recibos, es decir, los documentos que emite la persona que cobra una cantidad y que entrega al que paga como justificante de que se ha recibido una determinada suma de dinero. Estos deberán contener:

- Número del recibo.
- Nombre de la persona o entidad que entrega el dinero.
- Cantidad de dinero, en letra y en número, en la matriz, que es la parte situada a la izquierda del mismo y que se queda el vendedor como justificante de realización del mismo.
- Concepto.
- Lugar y fecha de la emisión del recibo.
- Importe expresado en euros.

Nombre o Razón social		NIF	XXXXXX
Dirección / teléfono / correo / etc.		N.º Recibo	55
		Fecha de emisión	31/01/24

Recibí de:	**Nombre y apellidos**		DNI / NIF	XXXXXXXXX
La suma de:	**Cantidad en letras**			

Cantidad de honorarios por concepto de:	**Indicar concepto:**

		Total	5.000,00 €
	Retención %	21,00 %	1.050 €
	Total recibido		6.050 €

➲ **Recibo normalizado:** también es posible el uso de los denominados recibos normalizados; no obstante, no es muy común en el sector de la restauración. Se utiliza para trámites de cobro cuando el pago se realiza a través de la domiciliación en una cuenta bancaria, siendo estas las encargadas de su cobro.

El recibo normalizado contiene:

◊ Una fecha de pago y un vencimiento.
◊ Un concepto para describir el motivo por el cual se expide el recibo.
◊ La domiciliación donde se indica el nombre de la sucursal de la entidad que haya de efectuar el pago y nombre del titular de la cuenta obligado al pago.

Recibo N.º	Lugar de expedición			
Fecha		Vencimiento		
Conceptos				

Domiciliación
Entidad
Oficina
Sucursal

| Entidad | Oficina | D.C. | Número de cuenta |

Pagador

| Entidad | Oficina | D.C. | Número de cuenta |

Pago con tarjeta

Otra de las formas de pago más habituales en el sector de la restauración es mediante **tarjetas,** ya sean de débito o de crédito. Para ello, el establecimiento deberá disponer del terminal punto de venta o datáfono, que la entidad financiera facilita a sus clientes cuando desean realizar sus cobros mediante esta forma de pago.

El cliente, para poder pagar, ha de identificarse mediante su documento nacional de identidad, o documento análogo, como titular de la tarjeta de débito o crédito con la que desea pagar el total del servicio prestado y, sin que el cliente pierda de vista su tarjeta, se ha de introducir en el datáfono o pasar su banda magnética para que, posteriormente, el cliente introduzca su número PIN y autorice así a su entidad financiera el cargo en su cuenta del importe total de la factura.

🖇 DEFINICIÓN

PIN

Del inglés *personal identification number,* es un número de cuatro dígitos que se utiliza para acceder al sistema asociado a las tarjetas de crédito, cajeros automáticos, etc. En la actualidad, todas las tarjetas de crédito o débito con chip incorporado requerirán un código PIN para autorizar las operaciones de pago.

- -

Una vez aprobada la autorización, el datáfono imprimirá un justificante de pago (boleta) que en algunos casos ha de firmar el cliente y que el empresario se ha de quedar como justificante de cobro. Asimismo, se ha de solicitar al datáfono una copia de dicho documento para ser entregado al cliente como justificante de pago.

Pago con cheque

Tal y como se ha explicado en la unidad 1 y a modo de recordatorio, se define el **cheque** como un documento que contiene una orden de pago de una determinada cantidad de dinero dirigida a un banco o entidad de depósito donde el emisor del cheque dispone de fondos suficientes para el pago. No es una forma muy usual de pago en un establecimiento dedicado a la restauración, pero en ocasiones, y dependiendo de la cantidad total a satisfacer, es muy recomendable el uso de este medio de pago.

En el cheque van a intervenir las siguientes personas:

Librador - El librador es la persona que emite el cheque.

Continúa en página siguiente >>

<< Viene de página anterior

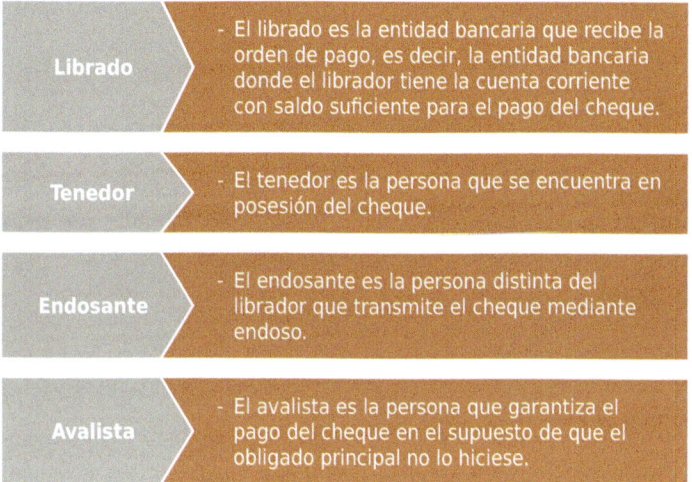

Librado	- El librado es la entidad bancaria que recibe la orden de pago, es decir, la entidad bancaria donde el librador tiene la cuenta corriente con saldo suficiente para el pago del cheque.
Tenedor	- El tenedor es la persona que se encuentra en posesión del cheque.
Endosante	- El endosante es la persona distinta del librador que transmite el cheque mediante endoso.
Avalista	- El avalista es la persona que garantiza el pago del cheque en el supuesto de que el obligado principal no lo hiciese.

Tipos de cheques

Los cheques pueden ser de diversos tipos, pasando a ser descritos a continuación:

- **Cheque al portador:** el beneficiario, es decir, el que va a cobrar el cheque, es la persona que posee dicho cheque.
- **Cheque nominativo:** en el que el beneficiario es la persona o empresa cuyo nombre figura en el cheque. En este caso, el cheque puede ser transmitido mediante la fórmula del endoso, escribiendo el beneficiario original en el cheque, el nombre del nuevo beneficiario y firmándolo. Los cheques nominativos pueden incluir la cláusula "a la orden", que permite el endoso o traspaso del cheque a otra persona de manera expresa, o la cláusula "no a la orden", que impide la transmisión del cheque mediante el endoso.
- **Cheque cruzado:** es aquel que posee dos barras paralelas en la cara anterior para dificultar su cobro en caso de pérdida, y solo se puede cobrar a través de una entidad bancaria para que esta, a su vez, lo cobre.
- **Cheque para abonar en cuenta:** se caracteriza porque solo puede ser cobrado mediante su abono en una cuenta bancaria, es decir, no se puede cobrar en efectivo. Este tipo de cheque lleva incluida la expresión "abonar en cuenta".
- **Cheque conformado:** es aquel en el que la entidad bancaria que ha de pagarlo asegura al que lo va a cobrar que el que expide el cheque posee fondos suficientes para cubrir el cheque.

● **Cheque bancario:** en este caso, es la propia entidad bancaria la que debe pagarlo (librador).

NOTA

Tanto el cheque bancario como el cheque conformado son modalidades de cheque que refuerzan las garantías de pago del documento.

Requisitos para la emisión de cheques

Todos los cheques han de cumplir con una serie de requisitos para que sean válidos:

1. La denominación de "páguese este cheque" inserta en el texto.
2. El mandato de pagar una determinada cantidad.
3. El nombre de quien ha de pagar el cheque a su presentación, denominado librado, que necesariamente ha de ser un banco o entidad de crédito.
4. El lugar de pago.
5. Fecha y lugar de emisión del cheque.
6. Firma del que expide el cheque, denominado librador. La firma deberá ser de puño y letra, no se admite impresa o estampada. Si quien firma no es el titular de la cuenta corriente, se hará constar en la antefirma (p. p.) "por poderes".

Para que se pueda realizar el pago del cheque, este se ha de presentar en el domicilio del librado y en el supuesto de que el librado no pagase, el tenedor del cheque podrá ejercitar la acción denominada de regreso contra el/los endosante/s, el librador y los demás obligados.

NOTA

El cheque ha de tener legible la escritura, indicando en el importe a pagar la cantidad expresada en número y en letra, prevaleciendo la letra sobre los números. Es conveniente que antes y después del importe en número se incluya el

Continúa en página siguiente >>

<< Viene de página anterior

símbolo # para que no pueda ser añadida cifra alguna que modifique la cantidad del mismo. Igualmente, el importe en letra se suele escribir con líneas antes y después, con el mismo fin que el símbolo #.

Pago aplazado

El **pago aplazado** es aquel en el que se ha establecido entre ambas partes, vendedor y comprador, una fecha determinada para la realización del pago. Es una forma poco habitual para operaciones de poca cuantía, pero para el pago de prestación de servicios donde el importe es considerable, como, por ejemplo, grandes celebraciones (bodas, banquetes, etc.), es más que habitual su utilización.

Existen dos formas de pago aplazado:

Pagarés → Letras de cambio

Pagaré

El pagaré se define como otro documento de pago por el que se obliga a pagar al tenedor del mismo o a la orden una determinada cantidad en una fecha o lugar determinado. Por tanto, se trata de una forma de pago aplazado.

La principal diferencia entre el cheque y el pagaré es que el pagaré no es una orden o mandato de pago que se da a un tercero, sino una promesa de pago.

Legalmente, el pagaré debe cumplir con los siguientes **requisitos:**

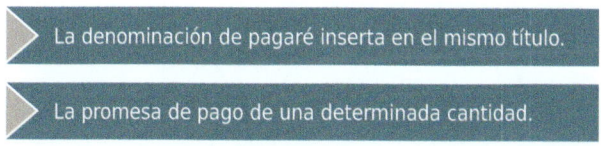

La denominación de pagaré inserta en el mismo título.

La promesa de pago de una determinada cantidad.

Continúa en página siguiente >>

<< Viene de página anterior

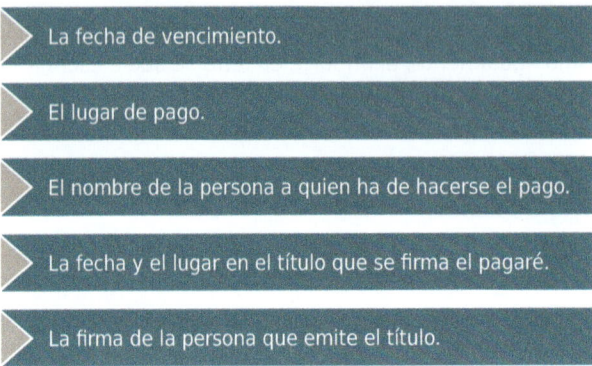

> La fecha de vencimiento.

> El lugar de pago.

> El nombre de la persona a quien ha de hacerse el pago.

> La fecha y el lugar en el título que se firma el pagaré.

> La firma de la persona que emite el título.

 **IMPORTANTE**

El pagaré debe incluir fecha de vencimiento, es decir, la fecha a partir de la cual es posible hacer efectivo dicho pagaré.

Letra de cambio

La letra de cambio es otro de los medios de pago aplazados utilizados. Aunque no es un medio muy habitual, es posible que para determinados importes considerados elevados sí se utilice como forma de aplazar el pago por la prestación de servicios.

La **letra de cambio** es el documento expedido por una persona física o jurídica denominada **librador,** en el que se ordena a otra persona, llamada **librado,** que en la fecha que se indica (vencimiento) se pague la cantidad de dinero indicada en favor de un tercero, el **tenedor** o **tomador.**

Lugar de libramiento	Moneda	Importe

Fecha de libramiento	Vencimiento

Por esta LETRA DE CAMBIO pagará al vencimiento expresado
a ---
La cantidad de

En el domicilio de pago siguiente:	C.C.C.

Persona o entidad:
Dirección:

4325-2421-234324-34	Número de cuenta

Cláusulas

Nombre y domicilio del librado:	Firma, nombre y domicilio librador

No utilice este espacio por estar reservado para inscripción magnética

Acepto ------ de ------ de ------ A ------

Modelo de letra de cambio

NOTA

Las letras de cambio son adquiridas en establecimientos oficiales mediante el pago del denominado timbre, cuyo importe vendrá determinado por el nominal de la letra de cambio.

El uso de las letras de cambio tiene una función característica, así como en su presentación interviene una serie de personas características, describiéndose a continuación:

Funciones

- La letra de cambio cumple una serie de funciones económicas:
  - Como **instrumento de pago,** ya que sirve para pagar las transacciones comerciales, sustituyendo al dinero en metálico.
  - Como **instrumento de crédito**, porque su pago no es instantáneo, lo que permite al cliente disponer de un plazo de tiempo para pagar.
  - Como **instrumento financiero** a través del descuento de letras, obteniendo así el tomador una financiación que de otra forma no tendría hasta el vencimiento de la letra.

Personas

- En la letra de cambio intervienen una serie de personas, que son:
  - **Librador.** Es quien crea la letra y da la orden de pago al librado.
  - **Librado o aceptante.** Persona que se hace cargo del pago al vencimiento.
  - **Tomador o tenedor.** Se trata de la persona a quien el librador transmite la letra (caja o banco) para que el librado la pague.
  - **Avalista.** Es quien garantiza el pago por el librado.
  - **Endosante y endosatario.** El primero es la persona que posee una letra y que la transmite a otra (endosatario) por medio del endoso.

En cuanto a la cumplimentación de las letras de cambio, se requiere conocer los datos que figuran tanto en el **anverso** como en el **reverso.** Por tanto, a continuación, se describe cada uno de ellos.

Anverso

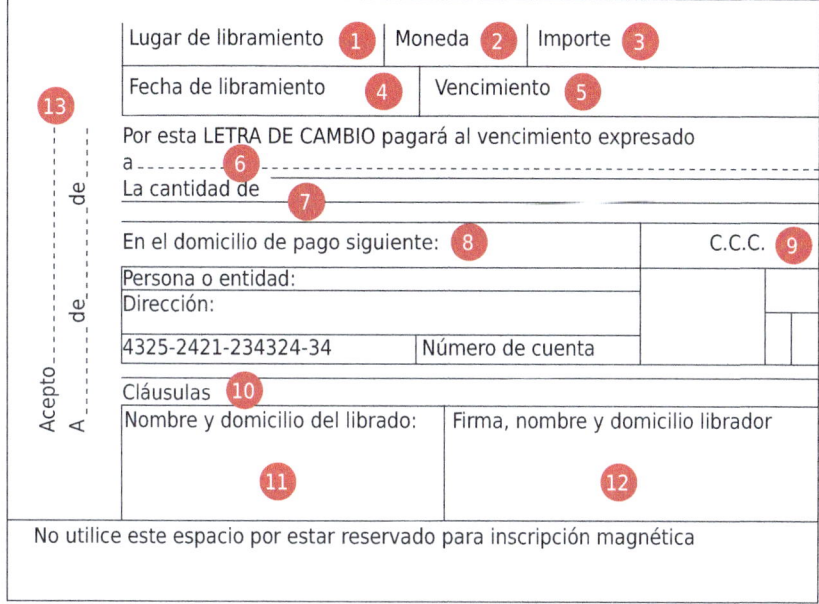

En el anverso de la letra de cambio figuran los siguientes datos:

1. **Lugar de libramiento.** Es donde se extiende la letra.
2. **Moneda.** Importe en euros o moneda extranjera.
3. **Importe.** La cantidad en cifras.
4. **Fecha de libramiento.** Día, mes y año en que la letra se libra.
5. **Vencimiento.** Fecha en la que ha de efectuarse el pago.
6. **Nombre del tomador.** Nombre de la persona a cuya orden se ha de pagar la letra.
7. **Importe de la letra.** Cantidad en letra.
8. **Lugar de pago.** Domicilio donde se efectúa el pago.
9. **Datos de identificación bancaria del librado.** Código cuenta corriente (CCC) y dígito de control (DG).
10. **Cláusulas.** Puede haber cláusulas de intereses, cláusulas de "no a la orden", cláusulas "sin gastos", "con gastos" o "sin protesto" y cláusulas de obligatoriedad de presentar la letra a la aceptación y su fecha límite.
11. **Nombre y apellidos del librado.**
12. **Firma, nombre y domicilio del librador.**
13. **Aceptación.** Espacio para la firma como marca de aceptación del librado.

Reverso

Por aval de _____ _____ _____ _____ _____ A _____de _____de _____ Nombre y domicilio del avalista _____ _____ 	Páguese a _____ _____ _____ _____ con domicilio en _____ _____ _____ _____, a____ de___de___ Nombre y domicilio del endosante _____ _____ **2**	**3**

El reverso de la letra de cambio va a contener la siguiente información:

1. **Aval.** Cláusula mediante la cual el avalista garantiza que la letra sea pagada a su tenedor legítimo.
2. **Endoso.** Espacio destinado a consignar el primer endoso, es decir, la transmisión de la letra.
3. **Espacio en blanco.** Destinado a nuevos endosos, avales, etc.

TAREA 5

Hoy, 30 de agosto de 2024, Irene, como gerente del restaurante, va a realizar el pago de una factura al proveedor de suministros de limpieza. El importe es de 12.789,67 €. El proveedor le ha facilitado el pago de dicho importe en un plazo de 48 horas.

Cumplimenta el documento necesario para el pago de dicha factura, sabiendo que los datos del proveedor son: Suministros Andalucía S. L., NIF: B2625242; C/ Maldonado 20 (Málaga).

2.2. Controles de caja (libro de caja)

Todos los aspectos relacionados con el dinero en efectivo son importantísimos para cualquier tipo de negocio. Para aquellos que cobran por caja en efectivo la gran mayoría de sus ventas, bien en metálico o con tarjeta, la llevanza de un **control de caja** es crucial.

La forma de controlar las entradas y salidas de efectivo de la caja o cajas del establecimiento es mediante la utilización de un **libro de caja,** pudiendo ser físico o digital.

El libro de caja es el documento que el administrador del establecimiento va a utilizar para realizar el arqueo de la misma, por lo que la rigurosidad en su cumplimentación es fundamental para el buen control de la caja.

Debe				Haber		
Agosto				Agosto		
1/8	2 JAMONES DE BELLOTA	560 €		3/8	ESTANTERIA NUEVA	200 €
4/8	4 BOTELLAS RIOJA	240 €		5/8	DESINFESTACIÓN	80 €
13/8	3 QUESOS MANCHEGOS	300 €		11/8	REPARACIÓN LUZ	90 €
16/8	5 BUTIFARRAS CATALANAS	220 €		15/8	ALQUILER	560 €
22/8	6 MORCILLAS	180 €				
	TOTAL	1.500				

Ejemplo físico del libro de caja

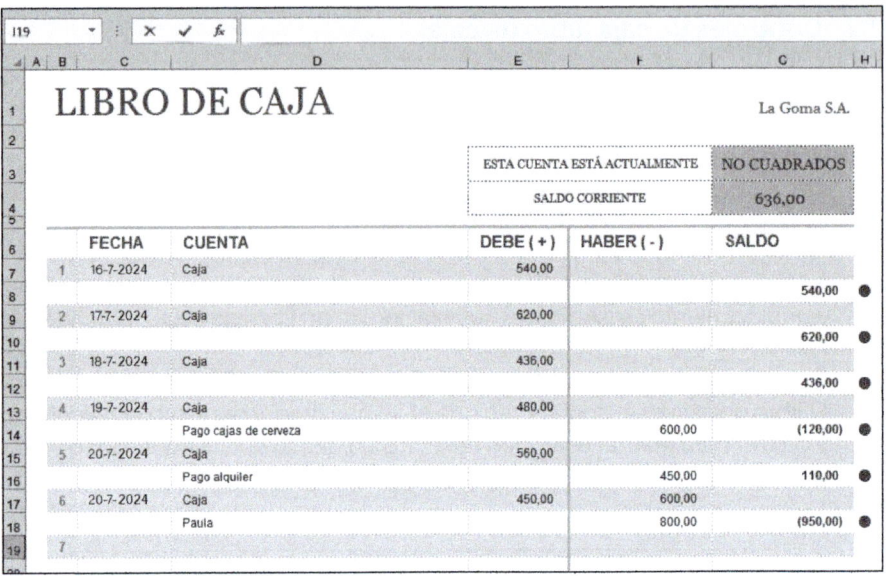

Ejemplo digital del libro de caja

NOTA

Los libros digitales requieren ser impresos para su presentación ante los organismos oficiales o para su archivo.

Cumplimentación libro de caja

La forma de cumplimentar el libro de caja es muy sencilla. Se ha de indicar la fecha en la que se produce la entrada o salida de efectivo en la caja, el concepto sobre el que trate, ya sea una venta o un pago a un proveedor, e indicar el importe de dicha operación en las entradas (debe) o en las salidas (haber).

Por último, se determina el **saldo de la caja** tras realizar la siguiente operación:

> Saldo anterior + entradas – salidas = saldo de caja

Cabe la posibilidad de que en algunas ocasiones no cuadre el saldo existente en el libro de caja con el efectivo o con los documentos de cobro con tarjeta (que también han de ser contabilizados en el libro de caja, ya que son cobros en efectivo). En estos supuestos, se han de comprobar todos y cada uno de los apuntes realizados en el libro desde el último **arqueo de caja** correcto, con los documentos en papel que justifiquen el cobro y pago de dichos apuntes (facturas de venta, boletas del TPV y facturas de pago a proveedores); asimismo, se recomienda volver a contar todos los billetes y monedas, ya que es muy fácil pasar por alto algunos de ellos.

IMPORTANTE

En el supuesto de que una vez realizadas todas las comprobaciones para determinar las diferencias estas no pueden ser corregidas, solo cabe dar como salida (haber) o entrada (debe) la cantidad necesaria para cuadrar la caja. En este supuesto la empresa asumiría como pérdida la cantidad que faltase en caja y como ingreso la cantidad que sobrase de efectivo en caja.

TAREA 6

Ernesto, gerente del restaurante TRQ, a diario gestiona los cobros y pagos de las operaciones diarias del establecimiento que ha de registrar en el libro de diario.

En esta última semana las operaciones han sido las siguientes:

Lunes 3 de julio	- Ventas comida: 367,45 € - Ventas cena: 267,56 €
Martes 4 de julio	- Ventas comida: 178,50 € - Ventas cena: 68,90 € - Proveedor carne: 76,45 € - Proveedor pescado: 60,50 € - Proveedor frutas y verduras: 38,00 €
Jueves 6 de julio	- Ventas comida: 367,90 € - Ventas cena: 310,43 € - Proveedor bebidas: 230,90 €

Continúa en página siguiente >>

<< Viene de página anterior

Viernes 7 de julio	- Ventas comida: 400,80 € - Ventas cena: 500,67 €
Sábado 8 de julio	- Proveedor panadería: 25,70 € - Proveedor bebidas: 150,56 € - Ventas comida: 470,25 € - Ventas cena: 510,00 €

Realiza el libro de diario de caja de la semana.

2.3. Análisis de extractos de cuentas bancarias

Todas las empresas suelen trabajar con varias entidades financieras donde poseen cuenta bancaria y en las que domicilian sus pagos, ingresan su efectivo, pagan las nóminas a sus trabajadores, obtienen financiación, etc.

Al igual que sucede con la caja, el administrador del establecimiento ha de **conciliar sus cuentas bancarias,** haciendo que el saldo contable de cada una de las cuentas bancarias coincida con el saldo que figura en los extractos bancarios que regularmente las entidades emiten a sus clientes.

Es muy recomendable que de manera mensual se realice la **conciliación bancaria** para, de ese modo, determinar las cantidades pendientes de contabilizar. Asimismo, de manera diaria se han de observar el saldo y los movimientos de cada una de las cuentas bancarias; de este modo, se detectan posibles cargos erróneos, devoluciones de recibos, transferencias realizadas, etc.

Conciliación Bancaria					
Conciliación bancaria al 02 de julio de 2024					
Saldo según mayor		782.000,00 €	Saldo según adeudo en cuenta		678.000,00 €
Más:			**Más:**		
Cheque 105 del 14/07	8.000,00 €		Cheque 105 del 06/07	3.000,00 €	
Depósito del 15/07	6.000,00 €		Depósito del 07/07	100.000,00 €	
Intereses del 17/07	2.000,00 €		Depósito en transito	110.000,00 €	213.000,00 €
Cobro de documentos	120.000,00 €	136.000,00 €			
Subtotal		918.000,00 €	Subtotal		891.000,00 €
Menos:			**Menos:**		
Pago de documentos	25.000,00 €		Cheque en transito 103		
Comisión por servicios bancarios	12.000,00 €		Cheque 107 del 24/07		160.000,00 €
Cheque 450 sin fondos	150.000,00 €	187.000,00 €			
Saldo conciliado		731.000,00 €	Saldo conciliado		731.000,00 €

Modelo conciliación bancaria

DEFINICIÓN

Conciliación bancaria

Comparación entre los apuntes contables del banco de una empresa y los datos que poseen los extractos bancarios de dicha cuenta para un mismo periodo de tiempo.

- -

TAREA 7

El restaurante TRQ tiene en su contabilidad los siguientes movimientos de su cuenta bancaria:

				Saldos	
Fecha	**Concepto**	**Debe**	**Haber**	**Deudor**	**Acreedor**
	Saldo a 31/08				5.000
03/09	Ventas	20.000		15.000	
09/09	Cheque 1		5.600	9.400	
10/09	Cheque 2		2.000	7.400	
12/09	Ventas	16.000		23.400	
15/09	Cheque 3		3.200	20.200	
16/09	Impuestos		650	19.550	
19/09	Devolución comisiones	125		19.675	
20/09	Cobro fraccionado	1.400		21.075	
23/09	Electricidad		230	20.845	
25/09	Teléfono		60	20.785	
27/09	Pago IRPF		21.000		215
30/09	Ventas	1.000		785	

Y según los extractos bancarios, los movimientos en su cuenta bancaria son:

Fecha	Concepto	Debe	Haber	Saldos
	Saldo a 31/08			5.000
09/09	Cheque 1		5.600	-600
10/09	Cheque 2		2.000	-2.600
15/09	Cheque 3		3.200	-5.800
16/09	Depósito	2.300		-3.500
19/09	Devolución comisiones	125		-3.375
20/09	Pago fraccionado		5.400	-8.775
23/09	Endesa		230	-9.005
25/09	Telecom		60	-9.065
27/09	Pago IRPF		21.000	-30.065
30/09	Depósito	1.000		-29.065

Realiza la conciliación bancaria para determinar las posibles diferencias existentes.

2.4. Análisis de las medidas de seguridad con la documentación contable y el efectivo

Ninguna empresa se encuentra libre de sufrir pérdidas de información, modificación de su documentación contable con fines delictivos o pérdidas de efectivo. Si el efectivo y la documentación administrativa y contable que afecta al mismo no son mantenidos a buen recaudo, el establecimiento se encontrará abocado a sufrir pérdidas que, en ocasiones, pueden llegar a ser considerables si estas prácticas delictivas se mantienen a lo largo del tiempo.

Los elementos que pueden ser motivo de fraude diferencian distintos tipos de pago, como son en efectivo y con tarjeta, requiriendo controles característicos, entre los que destacan los siguientes.

Cobro con tarjetas de débito y crédito

Se deberá:

> Controlar rigurosamente las ventas con tarjetas para evitar el uso de tarjetas sustraídas o duplicadas.

> Tener siempre presente que las tarjetas son de uso personal e intransferible.

> Hay que sospechar de personas con un aspecto físico que pueda hacer pensar en que está intentando camuflar su imagen. Estas personas conocen la existencia de sistemas de seguridad con cámaras e intentan evitar su identificación.

> Se debe desconfiar de las compras compulsivas o muy abundantes donde solo se prima el valor de los objetos y no son característicos, así como de las compras importantes en días sucesivos.

NOTA

Es fundamental en el proceso de cobro asegurar que la tarjeta no esté caducada y se encuentre firmada por su titular.

Por política propia de la empresa, se puede exigir que el titular de la tarjeta esté obligado a identificarse y se le debe pedir que se identifique mediante su documento acreditativo (DNI, carné de conducir, pasaporte...). No obstante, la ley no exige nada al respecto, pudiéndose confirmar que la solicitud de presentar un documento acreditativo viene impuesta por la empresa, siendo un método de seguridad más.

Cobro con efectivo

En relación con los billetes de euro, estos incorporan multitud de elementos de seguridad de una gran complejidad técnica siguiendo unas normas internacionales muy estrictas en cuestión de seguridad.

Se han de comprobar siempre las diferentes medidas de seguridad y las particularidades que presentan los billetes de euro. Lo más idóneo es disponer de detectores de billetes falsos o de otros medios o dispositivos similares que pueden ser adquiridos en cualquier establecimiento especializado.

NOTA

Ante la sospecha de un billete falso, no se debe aceptar, se debe retener y avisar a los servicios de seguridad privada o Policía nacional.

Dentro del establecimiento, es recomendable establecer medidas de seguridad, como detectores de movimiento o cámaras que graben sobre la caja o cajas, teniendo así un control total sobre la manipulación del efectivo.

A la hora de contratar al personal, se deben revisar de manera cuidadosa las referencias de los mismos y asignar la manipulación del efectivo siempre a la misma persona.

ACTIVIDAD COMPLEMENTARIA

2. Ya conoces los principales medios de pago a los que te puedes enfrentar, así como cuáles son los procedimientos relacionados con su uso.

   No obstante, a diario aparecen nuevos sistemas de pago, por lo que es importante estar actualizado al respecto, ya que puede suponer la elección o no de tu establecimiento.

   Busca información sobre los nuevos sistemas de pago, pudiendo hacer uso de fuentes de internet o revistas especializadas.

3. Resumen

La importancia del correcto conocimiento y cumplimentación que tienen los documentos de cobro y pago por parte de las personas responsables de ellos es crucial para la buena marcha del negocio y el saneamiento de las arcas del mismo.

Una correcta llevanza de la caja se corresponde con el uso correcto de:

Libro de caja → Arqueo de caja

Siendo común en la actualidad el uso de sistemas informáticos que ayuden a la realización de la caja.

Al igual que sucede con la caja, los movimientos bancarios han de ser observados y controlados mediante la conciliación bancaria para así adecuar la contabilidad a los saldos de los extractos bancarios, siendo común:

- Devolución de recibos.
- Importes cargados en cuenta de manera incorrecta.
- Transferencias realizadas a cuentas que no corresponden.

En la actualidad, las medidas de seguridad en la documentación contable y en el efectivo son cuantiosas, al igual que las diferentes formas de hurto y robo. Por ello, el empresario ha de estar al corriente de formas de actuar frente a:

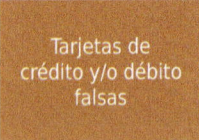
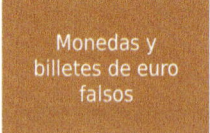
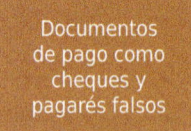

Tarjetas de crédito y/o débito falsas

Monedas y billetes de euro falsos

Documentos de pago como cheques y pagarés falsos

Ejercicios de autoevaluación
Unidad de Aprendizaje 2

1. Indica si las siguientes afirmaciones son verdaderas o falsas.

a. Junto con el efectivo, hay que guardar todos los documentos de cobro-pago obtenidos por los clientes, ya que en la práctica es dinero en efectivo igual que los billetes y monedas.

- ■ Verdadero
- ■ Falso

b. El efectivo de la caja se ha de retirar de la misma periódicamente, normalmente, cada mes o mes y medio.

- ■ Verdadero
- ■ Falso

c. No es necesario un control exhaustivo de las cantidades de efectivo ingresadas por banco por los clientes, ya que se dispone de recibo previo que confirma la cantidad a ingresar.

- ■ Verdadero
- ■ Falso

2. Relaciona los siguientes documentos de pago con su modalidad correspondiente.

a. Al contado
b. Aplazado

_ Recibo normalizado
_ Tarjetas de débito
_ Letra de cambio
_ Pagaré
_ Cheque

3. La diferencia entre un recibo y un recibo normalizado radica...

a. ... en que el recibo normalizado es un documento de pago aplazado.

b. ... en que el recibo normalizado no se usa nunca en la hostelería.

c. ... en que el recibo normalizado posee una fecha de vencimiento.

d. ... en que el recibo normalizado se usa solamente a partir de una determinada cantidad que suele ser superior a 3.000 €.

4. El cheque...

a. ... es un documento que contiene una orden de pago de una determinada cantidad de dinero.

b. ... es un documento de pago aplazado, siendo el banco el responsable de su emisión.

c. ... es un documento de pago en el que el emisor es la persona que recibe el cobro.

d. ... será emitido por el tenedor.

5. Los denominados cheques cruzados se caracterizan por...

a. ... poseer dos barras paralelas en la cara anterior para dificultar su cobro en caso de pérdida, y solo se puede cobrar a través de una entidad bancaria para que esta, a su vez, lo cobre.

b. ... no poder ser cobrados en efectivo.

c. ... llevar incluida la expresión "abonar en cuenta".

d. ... tener un pago garantizado, ya que la entidad bancaria asegura su cobro.

6. Indica cuál de las siguientes afirmaciones es verdadera en torno a la definición y características del pagaré.

a. El pagaré es una orden o mandato de pago al contado no aplazado.

b. El pagaré debe indicar una fecha de vencimiento y lugar de pago.

c. El pagaré no requiere firma de la persona que emite el título.

d. Todas las opciones son correctas.

7. En las letras de cambio, el tenedor es...

    a. ... la persona que crea la letra y da la orden de pago al librado.

    b. ... la persona que se hace cargo del pago al vencimiento.

    c. ... la persona a quien el librador transmite la letra (caja o banco) para que el librado la pague.

    d. ... la persona que garantiza el pago por el librado.

8. La determinación del saldo de caja se obtiene realizando la operación aritmética siguiente:

    a. Saldo anterior de caja más las entradas de caja del día.

    b. Saldo anterior de caja menos las salidas de caja del día.

    c. Las entradas de caja menos las salidas de caja.

    d. Saldo anterior de caja más las entradas menos las salidas de caja.

9. La conciliación bancaria se define como...

    a. ... la comparativa entre el dinero en efectivo y los movimientos bancarios relacionados con el cobro con tarjeta de crédito o débito.

    b. ... la comparación entre los apuntes contables de banco de una empresa y los datos que poseen los extractos bancarios de dicha cuenta para un mismo periodo de tiempo.

    c. ... la suma de efectivo mensual asociada a las aportaciones derivadas del pago en efectivo.

    d. Todas las opciones son incorrectas.

10. En caso de detectar un billete falso en el proceso de pago en efectivo...

    a. ... no se debe aceptar.

    b. ... se debe retener.

    c. ... debes avisar a los servicios de seguridad privada o Policía nacional.

    d. Todas las opciones son correctas.

Aplicación del análisis contable de restauración

Contenido

Objetivos

El objetivo general de esta Unidad de Aprendizaje es:

→ Analizar los datos contables relacionados con la gestión de una empresa de restauración.

Los objetivos específicos de esta Unidad de Aprendizaje son:

→ Elaborar un balance de situación en torno a las exigencias del Plan General Contable.

→ Conocer los procesos relacionados con el cálculo del periodo medio de maduración.

→ Precisar el punto muerto o umbral de rentabilidad.

→ Llevar a cabo la realización de un análisis del balance de un establecimiento mediante el cálculo de distintos ratios.

→ Calcular costes totales de un establecimiento de restauración.

1. Introducción

Todos los empresarios necesitan la información suficiente para tomar decisiones, ya sean estas a corto o a largo plazo, y dicha información se va a obtener de la contabilidad de la empresa. Por ello, el cumplimiento estricto de los principios contables que la rigen, así como de la profesionalidad de los que la realizan, dependerá en gran medida de la calidad de la información que se obtenga, y esta será más o menos realista y, por consiguiente, más fiable para la toma de decisiones en la empresa.

Por tanto, el **análisis de la información contable** es fundamental para el correcto funcionamiento del negocio y necesario para garantizar un futuro estable en la empresa. Para ello, aspectos tales como el análisis de balances, estudio patrimonial y análisis de la estructura económica y financiera de la empresa así como el análisis de los costes y el cálculo del punto muerto son herramientas indispensables a la hora de tomar decisiones que, en mayor o menor medida, van a posibilitar el éxito empresarial.

En base a estas premisas, y para ofrecer una mayor practicidad al estudio del análisis contable de restauración, continuaremos exponiendo los ejemplos o casos acontecidos en el restaurante TRQ.

2. Análisis del balance y determinación de su equilibrio a corto y largo plazo

 HILO CONDUCTOR

La gestión del restaurante TRQ va a pasar a manos de Ernesto (dueño del establecimiento) en su totalidad, ya que ha detectado algunas irregularidades en torno a la gestión llevada a cabo por Irene, la gerente del local.

En primer lugar, está cotejando el activo y el pasivo que existen para, a continuación, revisar los grupos contables establecidos.

Espera que esta gestión le permita detectar las primeras irregularidades y así atajarlas pudiendo implantar un sistema de control correcto.

El balance de una empresa representa la **situación patrimonial** de la misma en un momento determinado, es decir, es una imagen estática de la situación económica y financiera de la empresa. Su análisis permitirá obtener información que será muy útil para la toma de decisiones.

Aspectos como la situación, la capacidad y la calidad de las deudas que posee la empresa, la liquidez y la capacidad de pago a corto y a largo plazo es información muy importante para el correcto funcionamiento de la misma. De este modo, el empresario podrá poner cifras concretas a la situación de la empresa y **tomar decisiones** en base a dichas cifras.

La persona responsable de la realización del análisis de balances ha de realizarlos de manera periódica. Lo ideal es de manera trimestral, aunque dependiendo de factores como el tamaño de la empresa, su volumen de facturación, deuda, etc., podrá realizarse solo al cierre del ejercicio o cuando por razones de financiación, fuese solicitado por una entidad financiera o por cualquier otra entidad u organismo ya sea público o privado.

El **balance** de cualquier empresa se encuentra estructurado de la siguiente forma:

Activo	Pasivo
- Activo no corriente	- Patrimonio neto
- Inmovilizado	- Capital
- Inversiones	- Otros
- Deudores no corrientes	- Pasivo no corriente
- Activo corriente	- Deudas a largo plazo
- Existencias	- Acreedores no corrientes
- Deudores	- Pasivo corriente
- Inversiones	- Acreedores
- Periodificaciones	- Deudas a corto plazo
- Efectivo	

El **activo** se denomina estructura económica, ya que se encuentran en él todos los bienes y derechos que posee la empresa, mientras que el **pasivo** se denomina estructura financiera de la empresa, ya que en él se encuentran todas las fuentes de financiación de los elementos del activo. Por tanto, una norma básica en contabilidad es que **el activo siempre es igual al pasivo más el neto.**

Cada una de las partidas que componen las masas patrimoniales de activo y de pasivo son las denominadas **cuentas,** que recogen las variaciones que se producen en los bienes, derechos y obligaciones que posee la empresa, como consecuencia de los distintos hechos económicos que se van sucediendo en el día a día.

Estas cuentas contables se van a agrupar en 9 grupos contables, que son presentados y desarrollados a continuación:

- **Grupo 1. Financiación básica:** se encuentra formado por todas aquellas cuentas que representan la financiación a largo plazo de la empresa, ya sea por aportaciones de los socios (capital social), beneficios no distribuidos, reservas o aquella financiación de terceras personas (no socios), pero que tiene un vencimiento superior al año (ejercicio económico).
- **Grupo 2. Activo no corriente:** está formado por todas aquellas cuentas que representan activos para la empresa y que, por sus características intrínsecas, no van a formar parte de los consumos que se producen en el proceso productivo. Por tanto, en este grupo se encuentra la maquinaria, el mobiliario, los elementos de transporte, las aplicaciones informáticas, los terrenos y la construcción, así como el inmovilizado intangible, como, por ejemplo, el *software* utilizado por los equipos informáticos, el fondo de comercio, los derechos de traspaso, etc.
- **Grupo 3. Existencias:** acoge todas las cuentas que representan aquellos activos que van a ser consumidos por la empresa en el proceso productivo. En este grupo se encontrarán contabilizadas todas las materias primas necesarias para el funcionamiento del establecimiento, así como envases, embalajes, aprovisionamientos, repuestos, combustible, material de oficina inventariable, etc.
- **Grupo 4. Acreedores y deudores por operaciones comerciales:** se incluyen todas las cuentas que representan las obligaciones de cobro y de pago que posee la empresa tanto con proveedores, clientes, deudores y acreedores, así como de las obligaciones fiscales de la empresa con la Hacienda pública o de la Hacienda pública con la empresa. En este grupo también se recogen las deudas con los trabajadores por los salarios corrientes y por sus anticipos.
- **Grupo 5. Cuentas financieras:** recoge todas las cuentas contables que representan un activo para la empresa, así como la financiación a corto plazo de la misma, como, por ejemplo, los empréstitos, las obligaciones, los bonos y acciones y participaciones, los dividendos y los valores negociables. Además, se encuentran las cuentas correspondientes a las cuentas bancarias y a las cajas, tanto en moneda nacional como extranjera.
- **Grupo 6. Compras y gastos:** engloba a todas las cuentas que van a reflejar las compras de materias primas o gastos por servicios prestados por profesionales, el gasto por las amortizaciones del inmovilizado material o inmaterial, etc. Es importante tener claro que las cuentas de este grupo no se van a encontrar en el balance de la empresa, ya que, al final del ejercicio económico, se saldarán para trasladar su saldo a la cuenta 129, resultado del ejercicio, apareciendo esta en el balance en positivo o negativo en función de si la empresa ha dado beneficios o pérdidas.
- **Grupo 7. Ventas e ingresos:** comprende todas las cuentas que van a reflejar las ventas por los servicios prestados por el establecimiento, así

como cualquier otro tipo de ingreso que no proceda de la actividad principal de la empresa, como es el caso de la venta de un inmovilizado.

- **Grupo 8. Gastos imputados al patrimonio neto:** se detallan las cuentas utilizadas para reflejar aquellos hechos económicos que con origen en los mercados financieros, normas fiscales... aminoran el patrimonio neto de la empresa.
- **Grupo 9. Ingresos imputados al patrimonio neto:** detalla las cuentas utilizadas para reflejar los incrementos que se pueden producir en el patrimonio neto de la sociedad con origen en los mercados financieros, normas fiscales, etc.

DEFINICIÓN

Fondo de comercio

Son los beneficios económicos futuros procedentes de los activos de la empresa y que han sido adquiridos a título oneroso, es decir, el prestigio, la marca, el valor de la imagen del establecimiento, etc.

- -

NOTA

Los grupos contables 8 y 9 son utilizados por las empresas que utilizan el Plan General Contable (PGC) en su versión general. Las pequeñas y medianas empresas utilizan habitualmente la versión del PGC para pymes que incluye solo los 7 primeros grupos.

- -

2.1. Magnitudes y ratios

Una vez que la persona encargada del análisis patrimonial de la empresa posee toda la información necesaria, se ha de plantear qué magnitudes y ratios son los que ha de calcular para obtener la información necesaria para una **toma de decisiones acertada.**

DEFINICIÓN

Ratio

Es un cociente entre dos magnitudes, de cuyo resultado se va a desprender una información vital y necesaria para la toma de decisiones en la empresa.

En la gran mayoría de las empresas, independientemente de la actividad o sector al que se dediquen, se calcularán los siguientes ratios y se tomarán en consideración las siguientes magnitudes:

- Volumen de ventas, margen de explotación, resultados antes de impuestos o beneficios antes de impuestos (BAII), beneficio neto, deuda tanto a largo como a corto plazo, fondo de maniobra, volumen de inmovilizado, etc.
- En relación con los periodos de maduración de la empresa (días de cobro o de pago, consumos, días de almacenamiento, etc.).
- En relación con la estructura financiera de la empresa, denominado pasivo (liquidez de la empresa, solvencia, endeudamiento, nivel de apalancamiento, calidad de la deuda, etc.).

Todos estos datos, una vez obtenidos y junto con el balance de la empresa, son una excelente foto fija de la **situación patrimonial** de la misma, aunque como foto fija no da una idea correcta de la marcha o camino que sigue la empresa, por lo que es muy recomendable que se obtengan dichos resultados en una serie o secuencia cronológica, ya que, de esa forma, es posible obtener una tendencia de los mismos de tal forma que puede observarse la marcha de la empresa en un futuro cercano.

También es conveniente comparar los resultados obtenidos con los del sector, aportando así una visión más general de la situación por la que está atravesando el sector en ese mismo momento o en un futuro cercano.

El análisis de datos históricos y su comparativa permite conocer la marcha de la empresa en un futuro cercano, así como tener una visión general sobre la situación que atraviesa el sector.

 **TAREA 8**

Con los siguientes datos que se muestran a continuación, Ernesto ha de elaborar el balance de situación tal y como se establece en el Plan General Contable, requisito necesario para la determinación de las masas patrimoniales y su análisis posterior.

Los datos que posee Ernesto son:

- Terreno: 4.500 €
- Mobiliario: 1.500 €
- Maquinaria: 3.800 €
- Mercaderías: 2.000 €
- Proveedores: 2.400 €
- Bancos c/c: 950 €
- Caja: 100 €
- Deudas a largo plazo: 2.000 €
- Amortizaciones: 580 €
- Acreedores: 1.500 €
- Clientes: 2.800 €
- Deudores: 400 €
- Capital social: lo desconoce

Ayuda a Ernesto a realizar el balance de situación de su empresa.

3. Estudio del análisis patrimonial, financiero y económico

 **HILO CONDUCTOR**

Tras los primeros estudios llevados a cabo en el restaurante TRQ por Ernesto, se ha confirmado que la empresa se encuentra en un nivel óptimo de capitalización, no necesitando una aportación de capital extra por el momento.

No obstante, también se va a llevar a cabo un estudio financiero con el fin de determinar si la situación patrimonial en la que se encuentra la empresa es la óptima.

A la hora de realizar el estudio del análisis patrimonial, financiero y económico de la empresa, se ha de comenzar con el análisis del balance de situación de la misma. Este balance va a mostrar la situación patrimonial de la empresa y, por tanto, su estudio de manera correcta va a permitir poder evaluar aspectos tales como:

La situación de liquidez

- La situación de liquidez de la empresa va a determinar la capacidad de pago de la misma tanto a corto plazo como a largo plazo, en definitiva, lo que se analiza es el nivel de solvencia de la empresa a corto y a largo plazo, fundamental en aspectos como la capacidad de poder endeudarse o hacer frente a los proveedores de materias primas.

El endeudamiento o estado de apalancamiento de la empresa

- El endeudamiento de la empresa es fundamental. Para su crecimiento, todas las empresas requieren tener deuda y, por tanto, el conocimiento de la misma en términos de calidad, composición y cantidad es fundamental para la supervivencia de la empresa a medio y a largo plazo.

El nivel de capitalización

- El estudio de la capitalización de la empresa vendrá a demostrar si esta se encuentra en niveles óptimos de capitalización o, por el contrario, necesita capital para que la proporción entre los capitales propios y ajenos (deuda) sea la adecuada y no haya un desequilibrio entre ambas.

La gestión de los activos de la empresa

- Los activos deberán ser correctamente gestionados por los responsables o administradores de la empresa para que puedan generar los recursos apropiados.

Continúa en página siguiente >>

<< Viene de página anterior

> **Estudio del equilibrio financiero**
> - El estudio del equilibrio financiero va a determinar si la situación patrimonial por la que se encuentra la empresa es la óptima o adolece de algún problema financiero o patrimonial. Siendo este factor fundamental, ya que el balance de una empresa ha de ser proporcional entre sus magnitudes y proporcional en el plazo que dichas magnitudes tienen desde el punto de vista de su relación.
> - Ejemplo: Un volumen excesivo de deuda a corto plazo unido a unos flujos de caja mínimos hará que la empresa entre en situación de suspensión de pagos en poco tiempo, ya que va a ser incapaz de generar recursos monetarios a corto plazo suficientes para satisfacer las deudas de dicho periodo.

 **DEFINICIÓN**

Apalancamiento
Hace referencia al grado de dependencia de una empresa en cuanto a su deuda, es decir, en qué tanto por ciento una empresa llega a recurrir a la deuda (préstamos, créditos) para su supervivencia.

Es muy importante que el responsable de la gestión o administrador del establecimiento sea consciente de la importancia que tiene la contabilidad correcta y llevada al día, ya que de no hacerse, será completamente imposible medir, controlar e influir en la información y en las decisiones tomadas en base a dicha información. No realizar correctamente dichas tareas lleva al fracaso a largo plazo, por mucho éxito que tenga el establecimiento.

3.1. El fondo de maniobra o capital circulante

Un concepto muy importante a tener en cuenta en el análisis patrimonial es el denominado capital circulante o fondo de maniobra, siendo este el resultado de la diferencia entre el activo corriente (activo circulante) y el pasivo corriente (exigible a corto plazo), ambos descritos a continuación:

- **Activo corriente:** se compone de todas aquellas cuentas que engloban los bienes y derechos que posee la empresa a corto plazo, como, por ejemplo, los derechos de cobro de sus clientes, las existencias que posee en su almacén y que van a formar parte del proceso productivo, así como los importes existentes en las cuentas de banco y caja.
- **Pasivo corriente:** está formado por los saldos correspondientes a las obligaciones que posee la empresa con acreedores y proveedores a corto plazo, así como los pagos a corto plazo por las deudas adquiridas con terceras personas (préstamos y créditos).

La diferencia entre el activo corriente y el pasivo corriente es el denominado **fondo de maniobra o capital circulante,** es decir, es lo que queda después de que la empresa haga frente a las deudas y obligaciones a corto plazo. Dicho fondo de maniobra siempre ha de ser **positivo,** ya que en caso contrario, la empresa sería incapaz de satisfacer las deudas y obligaciones que posee a corto plazo, entrando en una situación de suspensión de pago y, por último, en quiebra.

Balance de una empresa

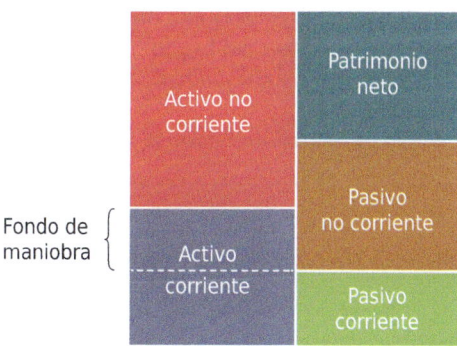

Fondo de maniobra o capital circulante

Análisis del equilibrio patrimonial

El análisis del equilibrio patrimonial vendrá determinado por la situación en la que se encuentran los elementos que constituyen tanto el activo como el pasivo (masas patrimoniales). Así, es posible determinar cuatro situaciones posibles:

- **Situación de máxima estabilidad:** viene determinada por la inexistencia de obligaciones con terceras personas, no tiene deudas. Todo el activo se encuentra financiado con fondos propios, es decir, aportaciones de los socios, reservas y beneficios no distribuidos.

Situación de equilibrio de máxima estabilidad

El fondo de maniobra es igual a todo el activo corriente.

➲ **Situación de estabilidad normal o estabilidad financiera:** esta situación viene determinada por la existencia de todas las partidas que conforman las masas patrimoniales en su justa medida, existiendo un fondo de maniobra positivo. El volumen del fondo de maniobra estará siempre en función de las necesidades y características de la empresa, de su sector, etc.

Situación de estabilidad normal o estabilidad financiera

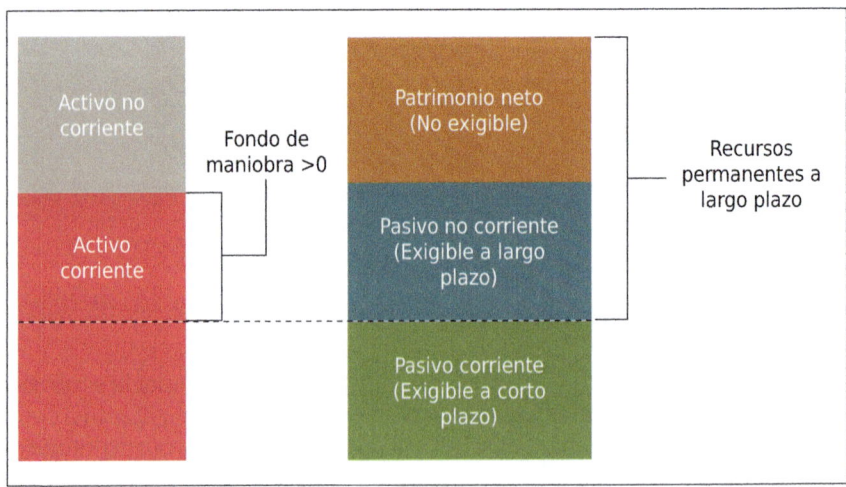

Existencia de un fondo de maniobra positivo.

➲ **Situación de desequilibrio a corto plazo en la que el activo corriente es inferior al pasivo corriente:** en esta situación, la empresa no posee recursos a corto plazo como para hacer frente a las deudas que posee y que vencen a corto plazo. Es una situación donde el fondo de maniobra es negativo. Eso no quiere decir que la situación sea irreversible; puede revertir la situación y volver a una situación patrimonial estable, en caso contrario, entraría en suspensión de pagos para poder pedir un aplazamiento de los pagos de sus deudas.

Situación de desequilibrio finaciero a corto plazo

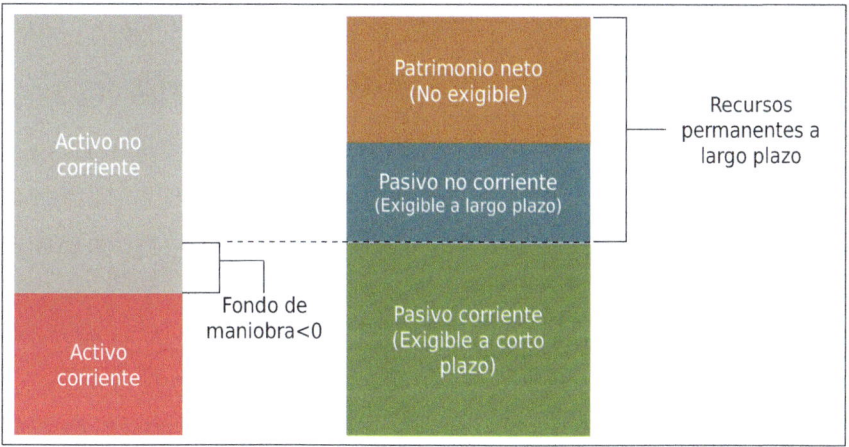

Existencia de un fondo de maniobra negativo.

➲ **Situación de desequilibrio o situación de quiebra técnica:** esta situación se produce cuando la empresa no posee fondos propios y se encuentra descapitalizada como consecuencia de pérdidas reiteradas sufridas en ejercicios anteriores y que han ido mermando el capital de la misma (patrimonio neto).

Situación de quiebra técnica

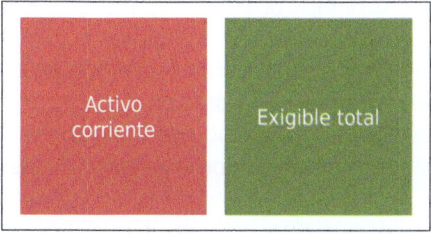

Inexistencia de capital o patrimonio neto de la empresa.

APLICACIÓN PRÁCTICA

Ernesto se encuentra realizando el análisis financiero y patrimonial de fin de ejercicio económico y necesita calcular el fondo de maniobra. Para ello, ha recopilado los siguientes datos:

- **Patrimonio neto: 65.000 €**
- **Pasivo corriente: 43.000 €**
- **Pasivo no corriente: 15.000 €**
- **Activo no corriente: 81.000 €**
- **Activo corriente: 42.000 €**

Interpreta la situación financiera de la empresa.

Solución

Mientras que la suma de masas patrimoniales asciende a 123.000 €, la suma de patrimonio neto más el pasivo no corriente asciende a 80.000 €.

El activo no corriente asciende a 81.000 € y, por tanto, el fondo de maniobra asciende a 1.000 € negativos.

Por tanto, el restaurante se encuentra en una situación de desequilibrio a corto plazo. La empresa no posee los recursos monetarios suficientes para hacer frente a las obligaciones a corto plazo.

3.2. El periodo medio de maduración

El periodo medio de maduración se define como el plazo que transcurre desde que la **empresa compra las materias primas hasta que cobra al cliente por los servicios prestados,** pasando evidentemente por el proceso de producción, almacenamiento y la prestación del servicio o venta, es decir, el tiempo desde que un euro es invertido en el establecimiento y acaba siendo recuperado tras la prestación del servicio. El objetivo fundamental es, por tanto, ajustar al máximo ese periodo medio de maduración, reduciendo así el tiempo de exposición al riesgo de las cantidades invertidas.

Para la determinación de su cálculo, la empresa ha de tener en cuenta otros periodos, como el de aprovisionamiento, el pago a proveedores, el cobro a clientes, etc., por tanto, el periodo medio de maduración vendrá expresado por la siguiente fórmula:

$$PMM = PMA + PMF + PMV + PMC - PMP$$

- ➲ PMM (periodo medio de maduración)
- ➲ PMA (periodo medio de aprovisionamiento)
- ➲ PMF (periodo medio de fabricación)
- ➲ PMV (periodo medio de venta)
- ➲ PMC (periodo medio de cobro)
- ➲ PMP (periodo medio de pago a proveedores)

El desarrollo de esta fórmula implica conocer cada uno de los conceptos que la integran, siendo descritos a continuación:

- ➲ **Periodo medio de aprovisionamiento (PMA) o** *stock:* refleja el tiempo que por término medio permanecen las materias primas en el almacén desde que son adquiridas hasta que son utilizadas en el proceso de producción. Se obtendrá dicho periodo dividiendo el número de días que posee un año (360 si se utiliza el año comercial) entre la rotación de las materias primas (consumo anual entre el nivel medio de existencias en almacén).
- ➲ **Periodo medio de fabricación (PMF):** delimita el tiempo que por término medio transcurre desde que las materias primas son introducidas en el proceso de producción hasta que salen los productos terminados. En el caso de un establecimiento restaurador, el periodo medio de fabricación es mínimo, salvo algunas excepciones.
- ➲ **Periodo medio de venta (PMV):** determina el tiempo que por término medio pasan los productos desde su entrada en el almacén hasta que salen para su venta. Este periodo, en un establecimiento dedicado a la restauración, va a tener poco significado, ya que en muy contadas ocasiones van a existir productos en almacén previamente elaborados a la espera de ser vendidos, dadas las propias características perecederas de los productos con los que trabajan los restaurantes.
- ➲ **Periodo medio de cobro (PMC):** especifica el tiempo que por término medio transcurre desde el momento de la venta hasta el cobro de la prestación del servicio a los clientes. Este periodo únicamente tendrá sentido en el supuesto de la prestación de servicios cuyo importe sea cuantioso y el cobro a los clientes se haya establecido de forma aplazada, como, por ejemplo, en grandes eventos o celebraciones.
- ➲ **Periodo medio de pago a proveedores (PMP):** indica el tiempo que por término medio se tarda en pagar a los proveedores. Es evidente que

cuanto mayor sea el tiempo de pago, mayor es la financiación que va a recibir el empresario sin coste alguno, en la mayoría de los casos, siempre y cuando no existan intereses por dicho aplazamiento.

ACTIVIDAD COMPLEMENTARIA

3. Ya conoces la definición del denominado periodo medio de maduración, así como los criterios que lo integran; no obstante, el periodo medio de maduración también establece dos ciclos distintos, los denominados: ciclos cortos y ciclos largos.

   Busca información sobre estos conceptos, pudiendo hacer uso de fuentes de internet o revistas especializadas.

TAREA 9

Ernesto, gerente del restaurante TRQ, desea conocer el periodo medio de maduración del restaurante donde trabaja. Para ello, posee los siguientes datos obtenidos de la contabilidad y gestión del establecimiento:

- El consumo anual de materias primas del restaurante asciende a 67.800 € y su nivel medio en almacén a 11.600 €.
- El periodo medio de fabricación del restaurante es de 1,5 días.
- El periodo medio de cobro a los clientes es de 7,8 días. En este cálculo se han tenido en cuenta los cobros a plazos de las celebraciones de comuniones y bodas así como los cobros al contado de las ventas diarias.
- El periodo medio de pago a proveedores es de 25 días.

Determina el valor del periodo medio de maduración e interpreta el resultado.

3.3. Cuenta de pérdidas y ganancias

Si bien el balance de situación va a contener todas y cada una de las cuentas que se encuentran dentro de los grupos contables del 1 al 5, la cuenta de pérdidas y ganancias va a contener las cuentas de los grupos 6 y 7.

La estructura básica de una cuenta de resultados será la siguiente:

	Año 20XX	Año 20XX - 1
Ventas netas (ingresos)		
- Costes de ventas (costes variables)		
= Margen bruto sobre ventas		
- Gastos de estructura o fijos		
Sueldos y salarios		
Cargas sociales		
Tributos		
Suministros: agua, luz, etc.		
Servicios profesionales independientes		
Material de oficina		
Arrendamientos		
Otros servicios		
= Resultado operativo		
- Dotación amortizaciones		
= Resultado de explotación o BAII (B.° antes de intereses e impuestos)		
+ Ingresos financieros		
- Gastos financieros		
+/- Resultado financiero		
= Resultados antes de impuestos y resultado excepcional		
+/- Ingresos y gastos excepcionales		
= Resultado antes de impuestos (BAII)		
- Impuestos sobre beneficios		
= Resultado neto		

Por tanto, el análisis patrimonial y financiero va a utilizar tanto la información obtenida del balance de situación como de la cuenta de pérdidas y ganancias, así como del análisis del fondo de maniobra y del periodo de maduración de la empresa.

3.4. Cálculo de ratios del balance y de la cuenta de resultados

Los ratios se definen como el **cociente entre dos magnitudes.** Estas magnitudes se obtendrán tanto del balance de situación como de la cuenta de resultados o cuenta de pérdidas y ganancias. Existe un número considerable de ratios, pero no todas las empresas han de elaborar todos y cada uno de ellos para realizar un diagnóstico de su situación patrimonial y financiera. A continuación, se detallan cada uno de ellos en función de la siguiente clasificación:

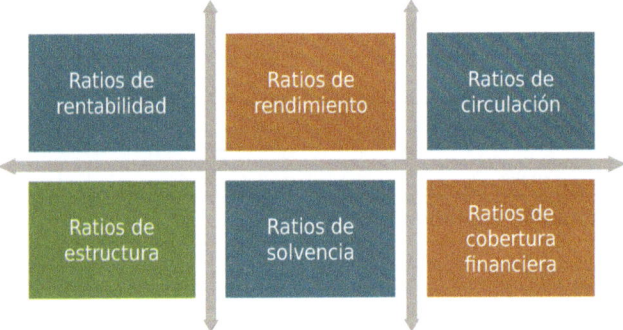

Ratios de rentabilidad

Estos ratios tienen como finalidad medir la utilización eficiente de los activos de la empresa en relación a la gestión de sus operaciones. A continuación se analizan los distintos ratios que miden la rentabilidad.

Beneficio neto sobre los recursos propios

La función de este ratio es contabilizar la rentabilidad que obtiene el accionista en relación al valor de los activos que posee la empresa. El valor de dicho ratio debe ser superior al coste de oportunidad del accionista (valor positivo).

> Beneficio neto sobre los recursos propios =
> Beneficio neto / Recursos propios medios

Beneficio neto sobre las ventas

Mide la rentabilidad total obtenida por unidad monetaria invertida. El valor de este ratio debe ser positivo.

> Beneficio neto sobre las ventas
> = Beneficio después de impuestos / Ventas

Rentabilidad económica

Mide la eficiencia de la utilización del activo. Su valor ha de ser positivo.

> Rentabilidad económica = BAII / Activo total

NOTA

BAII (Beneficios antes de intereses e impuestos), su fórmula es:

BAII = Ingresos – Coste de los bienes vendidos – Gastos operativos

Rentabilidad de la empresa

Ratio que determina la relación entre el beneficio bruto y el activo total neto. Su valor debe ser positivo.

> Rentabilidad de la empresa = Beneficio bruto / Activo total neto = (Ingresos de explotación – Gastos de explotación) / (Activo – Amortizaciones – Provisiones)

Rentabilidad del capital

La rentabilidad del patrimonio que se encuentra en propiedad de los accionistas de la empresa es la finalidad de este ratio. Su valor ha de ser positivo.

> Rentabilidad del capital = Beneficio neto / Fondos propios = (Beneficio – Impuestos) / Fondos propios

Rentabilidad de las ventas

Ratio que calcula la relación entre los precios de venta y los costes de producción. Su valor ha de ser positivo.

> Rentabilidad de las ventas = Beneficio bruto / Ventas

Rentabilidad sobre los activos

Mide la rentabilidad estableciendo una relación entre los beneficios netos y los activos de la empresa. Su valor ha de ser positivo.

> Rentabilidad sobre los activos = Beneficio neto / Activo total

Beneficios por acción

Ratio que determina la relación entre el beneficio neto y el número de acciones en las que se encuentra dividido el capital de la empresa. Es el rendimiento que va a recibir cada acción emitida. Su valor ha de ser positivo y es muy importante para los futuros inversores.

> Beneficio por acción = Beneficio neto / Número de acciones

Ratios de rendimiento

Este tipo de ratios son denominados ratios financieros y van a comparar las cifras de explotación o de negocios con las distintas partidas que componen el balance. Dado el gran número de ratios de rendimiento, se detallan a continuación aquellos más relevantes para los establecimientos dedicados a la restauración.

Margen de utilidad

Ratio que mide la cantidad de utilidad que se obtiene de las ventas una vez que se han descontado los costes de los bienes o de los servicios vendidos o prestados. Es muy deseable que el valor de este ratio sea elevado.

> Margen bruto de utilidad =
> (Ventas – Coste de las ventas) / Ventas x 100 = %

Margen operativo

A través de este ratio se puede conocer el margen de negocio, es decir, las unidades monetarias ganadas por cada unidad vendida.

> Margen operativo = BAII / Ventas

Beneficios extraordinarios sobre el BAII

Este ratio indica el peso que tienen los beneficios extraordinarios sobre los beneficios totales antes de intereses e impuestos.

> Beneficios extraordinarios sobre BAII = Beneficios extraordinarios / BAII

Ratios de circulación

Los ratios de circulación miden el número de rotaciones de determinadas partidas por periodos de tiempo. Es otra de las formas de las que se puede obtener información sobre la forma de gestionar la empresa sus activos para generar ventas.

Rotación de materias primas

Detectar si el almacenamiento de las materias primas es excesivo o, por el contrario, es insuficiente, es la función de este ratio.

> Rotación de materias primas = Compras de materias primas / Existencias de materias primas

Rotación de productos terminados

Ratio que contabiliza el almacenamiento excesivo o insuficiente de los productos terminados.

> Rotación de productos terminados = (Valor de la producción final + Gastos generales) / Existencias de productos terminados

El valor de la producción final será igual al coste de los productos en curso más las existencias iniciales de productos en elaboración menos las existencias finales de productos en elaboración.

Rotación de clientes

Las condiciones de cobro a los clientes, es decir, la frecuencia de recuperación de los saldos deudores de los clientes es lo que determina este ratio.

Rotación de clientes = Ventas / (Clientes + Efectos a cobrar) = N.º de veces

Entre 6 y 12 veces al año se encuentra el nivel óptimo de rotación de los saldos.

Rotación de proveedores

Mediante este ratio se contabiliza el nivel de rotación de las cuentas de proveedores con el objeto de evaluar las condiciones de pago a los mismos, teniendo en cuenta las condiciones pactadas con ellos.

Rotación de proveedores = Compras / (Proveedores + Efectos a pagar) = N.º de veces

Rotación de cobros-pagos

A través de este ratio se calcula la velocidad de cobro/pago de los saldos de clientes y proveedores, lo que incide directamente en el fondo de maniobra de la empresa.

Rotación de las cuentas a cobrar = Ventas a precio de venta / Saldo medio de las cuentas a cobrar

Ratios de estructura

Los ratios de estructura miden de manera porcentual la estructura de las masas patrimoniales que conforman el balance de una empresa. Los ratios más comunes se analizan a continuación.

Deuda con coste sobre pasivo total

Determinar la relación de la deuda con coste sobre el pasivo total de la empresa es el objetivo del ratio.

> Deuda con coste sobre el pasivo total =
> Recursos ajenos con costes / Pasivo total

Inmovilización

A través de este ratio se conoce el peso total de los activos no corrientes sobre el total de activo. Este ratio suele oscilar en torno al 50 %.

> Inmovilización = Activo corriente neto / Activo total neto x 100 = %

Independencia financiera

Este ratio es muy importante, ya que mide la autonomía de la empresa respecto a terceras personas, es decir, contabiliza el porcentaje de la empresa que es propiedad de los accionistas y no de inversores externos.

> Independencia financiera = Fondos propios / Pasivo Total x 100 = %

Endeudamiento

Al igual que el anterior, este ratio es sumamente importante, ya que mide la dependencia de la empresa ante terceros, entidades financieras, acreedores, otras empresas, etc.

El resultado de este ratio puede significar coyunturas distintas para empresas distintas, ya que en algunas ocasiones, un excesivo endeudamiento no indica una dependencia excesiva en determinadas empresas; no obstante, la situación óptima es la de un pequeño nivel de endeudamiento en relación a los fondos propios.

> Endeudamiento = Exigible total (acreedores a corto y a largo plazo) / Pasivo total x 100 = %

Endeudamiento a corto y largo plazo

Establece la relación entre el total de las deudas de la empresa, tanto a largo como a corto plazo, entre el total de los fondos propios. Lo ideal es que el pasivo corriente (deudas a corto plazo) se encuentre por debajo del 50 % del patrimonio neto.

> Endeudamiento a corto plazo = Pasivo corriente / Patrimonio neto x 100 = %
> Endeudamiento a largo plazo = Pasivo no corriente / Patrimonio neto x 100 = %

Endeudamiento total

Contabiliza la relación entre las deudas y los recursos propios con los que cuenta la empresa. Su valor ideal se encontraría por debajo del 50 %.

> Endeudamiento total = Pasivo / Patrimonio neto x 100 = %

Razón de endeudamiento

A través de este ratio se conoce el grado de endeudamiento de la empresa en relación con los activos que posee. El valor óptimo de este ratio se sitúa entre el 40 y el 60 %. Si es inferior al 40 %, la empresa presenta un exceso de capitales propios, mientras que si se encuentra por encima del 60 %, la empresa se encontraría perdiendo autonomía, ya que está dejando la financiación de la misma en manos de terceros, que tendrán la capacidad de decidir, porque poseerán la mayoría de las acciones o participaciones.

> Razón de endeudamiento = Deuda total / Total de activos x 100 = %

Calidad de la deuda

Determinar la calidad de la deuda, entendiendo esta como la calificación de la misma en relación al plazo de cancelación, es el objetivo de este ratio. El valor óptimo será el menor posible, ya que indicaría que la empresa se encuentra cancelando deudas a largo plazo.

> Razón de la calidad de la deuda = Pasivo corriente / Pasivo corriente + Pasivo no corriente x 100 = %

Garantía

Esta operación calcula la garantía que ofrece la empresa a sus acreedores en el momento de hacer frente a las obligaciones de pago. Cuanto mayor sea el ratio, mayor es la garantía de la que gozará la empresa con sus acreedores.

> Ratio de garantía = Activo / Exigible total x 100 = %

Ratios de solvencia

Los ratios de solvencia o ratios financieros miden la capacidad que tiene la empresa para hacer frente a sus obligaciones a corto y a largo plazo. Los ratios más comunes en torno a esta agrupación son los siguientes.

Ratio de apalancamiento

Determina la dependencia de la empresa frente al endeudamiento, es decir, si esta posee un endeudamiento excesivo y está financiando sus deudas con más deudas. Un valor superior al 70 % puede considerarse como excesivo y, por tanto, peligroso para la viabilidad de la empresa.

> Ratio de apalancamiento = Activo no corriente + Activo corriente / Pasivo exigible (entidades financieras) x 100 = %

Ratio de disponibilidad

Establece la capacidad de la empresa para hacer frente a las obligaciones a corto plazo a través de su disponible.

> Ratio de disponibilidad = Disponible / Exigible a corto plazo x 100 = %

Ratio de solvencia

Mide la capacidad de la empresa para hacer frente a sus obligaciones a corto plazo con su activo circulante. El valor óptimo de este ratio se sitúa entre 1 y 2. Un valor inferior a 1 indicaría una situación de inestabilidad financiera y un valor superior a 2 indicaría que la empresa posee recursos ociosos, lo que se traduciría en una pérdida de rentabilidad de los mismos por su inmovilización.

> Ratio de solvencia = Activo circulante / Pasivo circulante

Ratio de tesorería

Sirve para determinar la capacidad que tiene la tesorería de la empresa para hacer frente a sus obligaciones a corto plazo con los activos de los que dispone.

> Ratio de tesorería = Disponible / Pagos en los próximos 30 días = 100 %

> Ratio de tesorería = Activos realizables a corto +
> (Caja y bancos / Deudas exigibles a corto)

> Ratio de tesorería = Disponible + Realizable a corto - Exigible a corto

El disponible en la empresa es todo aquello susceptible de ser convertido en dinero de manera inmediata, es decir, todas las cantidades de caja + las cantidades de banco + los efectos a cobrar + las inversiones financieras temporales.

 TAREA 10

Ernesto, gerente del restaurante TRQ, se encuentra analizando el balance de su establecimiento y desea realizar un análisis del mismo mediante el cálculo de varios ratios, en concreto los ratios de tesorería, liquidez y endeudamiento, además de calcular el fondo de maniobra.

Continúa en página siguiente >>

<< Viene de página anterior

Para ello, dispone de los siguientes datos del balance:

- Mobiliario: 4.000 €
- Capital social: 31.000 €
- Maquinaria: 10.000 €
- Beneficios: 20.000 €
- Proveedores: 3.000 €
- Mercaderías: 500 €
- Clientes: 3.000 €
- Deudas a largo plazo: 3.000 €
- Reservas: 1.000 €
- Bancos c/c: 10.000 €
- Caja: 500 €
- Deudas a corto plazo: 2.000 €
- Edificio: 21.000 €

Realiza el cálculo de los ratios e interpreta sus resultados.

---

4. Definición y clases de costes

☞ HILO CONDUCTOR

En el restaurante TRQ se ha recibido hoy la materia prima utilizada para la elaboración de su oferta culinaria. Dichos productos se asocian a los costes directos del restaurante, junto con los costes también directos relacionados con la mano de obra.

Todas las empresas, independientemente de la actividad a la que se dediquen, necesitan proveerse de los distintos factores productivos para llevar a cabo su actividad y para ello, debe realizar una serie de desembolsos de dinero. Este desembolso va a suponer para la empresa unos gastos, en igual cuantía que la que representa el importe necesario para la adquisición de dichos factores productivos (bienes, materias primas, mano de obra, etc.). No obstante, en la medida en que dichos factores productivos son incorporados en el proceso de producción de la empresa y, por tanto, son consumidos por esta, el importe de dichos consumos se consideran como costes.

Por tanto, el concepto de **gasto** hace referencia a la adquisición de los factores productivos, mientras que **coste** se aplica al consumo de dichos factores en el proceso productivo.

NOTA

Un gasto no es igual a un coste. No obstante, todos los costes son gastos, pero no todos los gastos son costes.

Los costes pueden clasificarse atendiendo a muy diversos criterios, algunos muy utilizados por la mayoría de las empresas y otros usados con menor frecuencia en función de las características de cada empresa y del análisis de la información que se requiera en cada momento. Así, se hace habitual la siguiente clasificación de costes:

Según su naturaleza
- En esta clasificación se encuentran los costes de personal, de oportunidad, de servicios exteriores, etc.

Según su imputación
- Esta categoría engloba los costes directos, semidirectos e indirectos.

Según su nivel de actividad
- Se encuadran aquí los costes variables, semivariables y fijos.

Otro tipo de clasificaciones
- Hacen alusión a los costes externos, históricos, estándar, predeterminados, costes del producto, del periodo, etc.

En muchos casos, la determinación de la cuantía del coste es sencilla, mientras que en otros muchos casos, será necesaria una clave de reparto para asignar la parte proporcional del coste al producto o servicio del cual se desea obtener el coste total. De esta distinción se obtienen dos grandes clases de costes:

➲ **Costes directos:** son aquellos que se corresponden de manera directa con la fabricación o prestación de un determinado servicio.

⊃ **Costes indirectos:** son aquellos que se corresponden con varios productos o servicios prestados, por lo que el cálculo para cada uno de ellos es más complejo.

4.1. Costes directos

Se definen los costes directos como aquellos que se corresponden de manera directa con la fabricación o prestación de un determinado servicio, clasificándose en tres categorías:

Costes directos de las materias primas
- Este tipo de coste corresponde a aquellas materias primas que se encuentran incorporadas físicamente a los productos elaborados.

Costes directos de la mano de obra
- Este tipo de coste integra los sueldos, horas extra, etc. del personal.

Costes directos especiales
- Este tipo de coste se refiere a aquellos que pueden ser imputados de manera directa al producto o servicio prestado y que no corresponden a la mano de obra o a las materias primas, como, por ejemplo, materiales especiales, utensilios determinados, moldes, etc.

4.2. Costes indirectos

Los costes indirectos son aquellos que corresponden a varios productos o servicios prestados y, por tanto, se va a precisar de una determinada clave de reparto para poder ser asignados a dichos productos o servicios.

Los costes indirectos son numerosos y de muy diversa naturaleza, siempre dependiendo de las características de cada establecimiento. Una clasificación muy utilizada en los costes indirectos es la denominada funcional, es decir, según la función que cumplen y que integra los costes que se analizan a continuación.

Costes generales de producción o de fábrica

Son los que se realizan durante la actividad productiva, pero que no pueden clasificarse como directos propiamente. En esta categoría se encuentran:

- **Costes de trabajo indirecto:** retribuciones del personal que no se encuentra directamente relacionado con el producto o servicio prestado, como, por ejemplo, el salario del personal de administración.
- **Costes indirectos de materiales:** son aquellos no incluidos como materias primas.
- **Coste de servicios:** se incluye el suministro de energía eléctrica, gas, agua, teléfono, etc.
- **Coste de dirección técnica:** como, por ejemplo, el personal de administración.
- **Coste de amortizaciones y depreciaciones:** referido a elementos como maquinaria, instalaciones, utillaje, etc.
- **Otros costes:** en función de las propias características de los establecimientos.

Costes generales de producción

Los costes generales de producción son los referidos a:

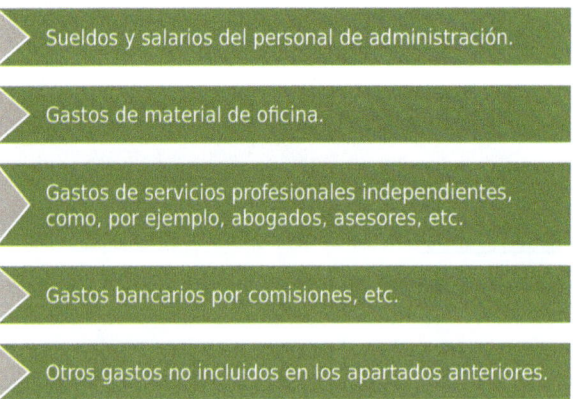

Sueldos y salarios del personal de administración.

Gastos de material de oficina.

Gastos de servicios profesionales independientes, como, por ejemplo, abogados, asesores, etc.

Gastos bancarios por comisiones, etc.

Otros gastos no incluidos en los apartados anteriores.

Costes generales de comercialización

Son los relacionados con la distribución y puesta a la venta de los productos o servicios que se prestan. En un establecimiento hostelero es difícil encontrar este tipo de costes, pero cabe la posibilidad de que existan, como, por ejemplo, los costes del reparto a domicilio. En esta categoría se encontrarían costes como:

- ⮑ Sueldos y salarios del personal de comercialización y distribución.
- ⮑ Publicidad, propaganda y *marketing*.
- ⮑ Importe de los gastos de la elaboración de estudios de mercado.
- ⮑ Otro tipo de gastos no incluidos en los apartados anteriores.

Costes generales de la empresa

Entre los que figuran:

- ⮑ Cargas financieras por préstamos, créditos, etc.
- ⮑ Impuestos y tasas.
- ⮑ Servicios sociales.
- ⮑ Gastos de representación.
- ⮑ Gastos de asociación.

NOTA

La reducción de los costes es uno de los objetivos de cualquier empresa.

La distribución entre coste directo e indirecto puede ser muy diferente de una empresa a otra en función del sistema organizativo que posea. Por ejemplo, en la elaboración de un determinado plato, la materia prima asignada a este podría ser considerada como coste directo, mientras que el consumo energético supone un coste indirecto para el restaurante, ya que sería necesario determinar una clave de reparto que concretará la cantidad de energía consumida para la elaboración de dicho plato.

4.3. Costes estándar

El denominado coste estándar es aquel que se caracteriza por **plantearse en términos de previsión,** es decir, la técnica de determinación de los costes, comparando el coste considerado como normal en cada uno de los productos o servicios prestados por el establecimiento, en relación con su coste real.

La finalidad de determinar los costes mediante esta técnica es la de obtener la eficiencia en la gestión y poder establecer acciones correctivas en la gestión de los costes, por tanto, van a servir como objetivos de control y medición de la eficiencia de la empresa, así como para la elaboración de los presupuestos.

Para la fijación de los costes estándar, se debe distinguir entre:

- **Condiciones ideales:** los costes estándares ideales son aquellos que se obtienen en las condiciones más favorables, es decir, con el máximo rendimiento de las instalaciones y de la maquinaria, de las materias primas y de la mano de obra. Estos costes son alcanzados en muy pocas ocasiones y para su determinación, se han de tener en cuenta factores externos (mercado exterior) e internos de la propia empresa.
En la práctica, estos costes no se obtienen o no se tienen muy en cuenta, ya que con toda seguridad se van a obtener desviaciones desfavorables porque los costes reales serán superiores a los estándares ideales en la mayoría de las situaciones. No obstante, no se ha de renunciar a cálculos, porque se puede aplicar en situaciones especiales, como, por ejemplo, en aquellos productos que se encuentren excesivamente automatizados.
- **Condiciones previstas esperadas:** los costes estándares esperados son aquellos que están determinados sobre condiciones efectivas de funcionamiento, es decir, en condiciones de rendimiento satisfactorio y no de rendimiento máximo. Por ejemplo, una determinada máquina, pasado un tiempo desde su adquisición, se acerca a un rendimiento máximo, pero al final de su vida, la máquina rendirá a un porcentaje inferior a la media de su vida útil. Ese margen que se establece como término medio sería considerado como estándar esperado. Al igual que con los costes ideales, los esperados son revisados continuamente, ya que son los más empleados para la medición de la eficiencia o ineficiencia del establecimiento.
- **Condiciones de base:** los costes estándares base son aquellos que establecen un mínimo porque no se revisan de manera continua, ya que, independientemente de los cambios sustanciales que puedan producirse, van a mantenerse constantes a lo largo del tiempo.

4.4. Costes históricos

Los costes históricos son aquellos que la empresa **ya ha realizado,** es decir, la empresa ya ha incurrido en ellos y se han implementado en el proceso de producción, por ello, los costes históricos son denominados también costes reales.

Para poder obtener una medida de la eficiencia del establecimiento, será necesario hacer una comparación entre los costes reales o históricos y los costes estándar.

Las características de este tipo de costes son las siguientes:

> Son utilizables cuando la oferta y la demanda del producto o servicio permiten la determinación de su precio de venta.

> Solo es posible su conocimiento cuando el proceso de producción ha llegado a su fin.

> Los costes como la mano de obra directa, la materia prima directa y los costes indirectos de fabricación se van a ir acumulando de manera gradual en la medida en que se incurre en ellos.

4.5. Costes fijos y costes variables

Los costes también pueden ser clasificados en función de su variabilidad en relación con el volumen de producción del establecimiento. De esta forma, se obtendrían dos tipos de costes:

➲ **Costes fijos:** independientemente del nivel de producción del establecimiento, estos costes no varían, sea cual sea la cantidad producida. Son costes que se corresponden básicamente con los factores productivos que no se consumen en el proceso de producción, como, por ejemplo, los edificios, las instalaciones, los gastos de puesta en funcionamiento, etc. Este tipo de costes se van a mantener constantes a lo largo del tiempo.

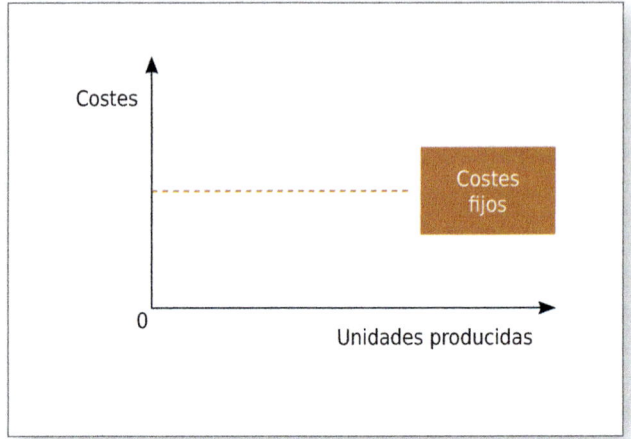

Los costes fijos son aquellos que ante aumentos o disminuciones de producción permanecen constantes.

➲ **Costes variables:** son aquellos que varían al modificarse el volumen de producción del establecimiento.
Conforme aumenta el volumen de producción, aumentan los costes variables.

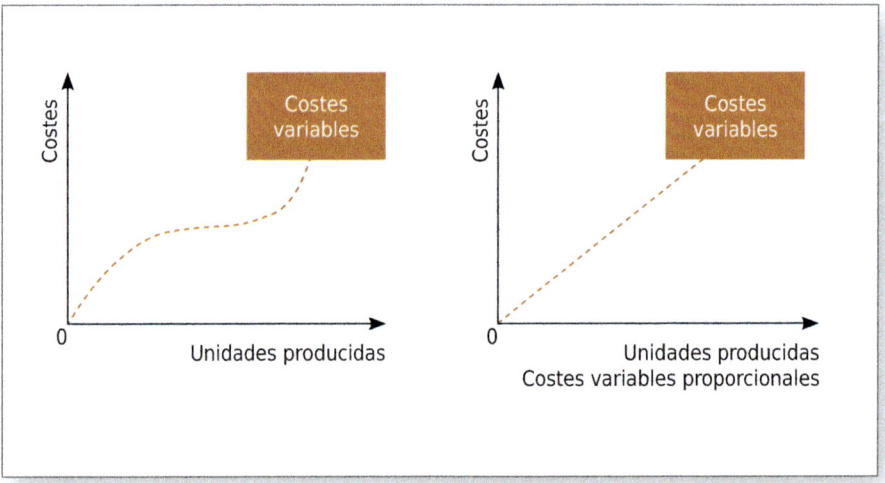

Los costes variables son aquellos que en función de las unidades vendidas o producidas se comportan aumentando o disminuyendo su cuantía.

IMPORTANTE

La suma de los costes fijos y los variables recibe el nombre de **coste total,** el cual puede calcularse matemáticamente y ser representado de manera gráfica.

Costes totales = Costes fijos + Costes variables

Costes totales = Costes fijos + Costes variables unitarios x Cantidad producción

TAREA 11

Hoy es Irene, la gerente del Restaurante TRQ, quien quiere conocer el total de costes en los que incurre el restaurante. Ella sabe que posee anualmente los siguientes costes:

- Costes que no varían según la cantidad de trabajo que tenga: 7.800 €
- Ventas en unidades que realiza: 15.600 uds.
- Costes variables unitarios: 3,30 €
- Precio de venta medio: 4,67 €

Determina los costes totales del restaurante TRQ.

5. Cálculo de costes de materias primas

HILO CONDUCTOR

En el restaurante TRQ se ha recibido hoy una lubina de muy buena calidad. Tenía un peso de 1.700 g y su precio ha sido de 33 €. El jefe de cocina ha indicado que este producto tiene una merma aproximada del 25 %, por lo que obtendrá unas 6 raciones de 200 g; por tanto, el coste final del producto por ración pasa a ser de 5,5 €, no habiéndole incluido otros costes relacionados con la mano de obra o el desgaste de utensilios, material...

Recuerda que todos los costes en los que incurre una empresa son la suma de los precios de sus factores productivos, desde las materias primas hasta los sueldos y salarios, suministros, etc., necesarios para la realización de su actividad principal.

En restauración, y relacionado con los costes, se encuentra el concepto de **food cost**, que se define como el valor de los precios de adquisición de todos y cada uno de los productos que se utilizan para elaborar todos los platos y bebidas que se van a servir en el establecimiento en un periodo determinado.

El denominado **food cost** es un tipo de coste variable, ya que va a aumentar y disminuir en proporción al proceso productivo del establecimiento. Para calcularlo, es necesario distinguir entre:

Consumo teórico	Consumo real
- Es el gasto previsto a partir del food cost teórico, es decir, el gasto de los costes previstos en los escandallos.	- Es la cantidad real consumida de productos y que, evidentemente y por diferentes cuestiones, va a diferir del consumo teórico.

DEFINICIÓN

Escandallo

Es una herramienta que se utiliza para determinar el coste total de un determinado plato por persona a través de la materia prima utilizada y todos los recursos utilizados para su elaboración.

Para la comparación entre el coste real y el coste teórico, se utilizará el ratio de consumo sobre ventas. Este ratio mide la relación entre el consumo real y las ventas realizadas.

Consumo sobre ventas = Consumo real / Ventas

El consumo real o *food cost* se obtendrá mediante la siguiente operación aritmética:

> Consumo real = Existencias iniciales + Compras – Existencias finales

Lo normal es que el consumo teórico y el consumo real no coincidan en un restaurante. La diferencia entre ambos consumos será igual a las mermas no previstas, pero controladas, más consumos no facturados, pero controlados, más mermas no justificadas, sabiendo que:

- **Mermas no previstas pero controladas:** se refieren a los productos caducados, a las sobras que no han sido recicladas y a los productos mal utilizados.
- **Consumos no facturados pero controlados:** se refieren a las consumiciones realizadas por el personal del establecimiento, invitaciones, atenciones, etc.
- **Mermas no justificadas:** se refieren a las desapariciones de productos (hurtos), consumos o invitaciones no contabilizadas, ventas no cobradas, cantidades cobradas inferiores a las reales, etc.

> Consumo real – Consumo teórico =
> Mermas no previstas pero controladas + Consumos no facturados
> pero controlados + Mermas no justificadas

6. Aplicación de métodos de control de consumo

☞ HILO CONDUCTOR

La trufa es uno de los productos incluidos en algunas elaboraciones del restaurante TRQ, por lo que se deben revisar las fichas técnicas y escandallos de aquellos platos en los que se incluye, ya que el precio de este producto en la última compra se ha incrementado en un 33 %.

En un gran número de establecimientos no se realiza un seguimiento y control exhaustivo de los consumos que se producen durante el proceso de elaboración de los platos, pero cada vez es más común ver cómo los restaurantes implementan **herramientas de control del consumo** con el objetivo de minimizar los costes y rentabilizar al máximo su negocio. Los establecimientos restauradores tienen a su alcance las siguientes herramientas que van a ayudar a cumplir con dicho objetivo:

- La realización de fichas técnicas y escandallos de cada referencia.
- La realización de inventarios mensuales.
- La implantación de sistemas de recepción de productos, como pesaje, control de albaranes, control de precios, etc.
- La implementación de las hojas de mermas.
- La implementación de las hojas de consumos de personal e invitaciones.
- Incentivos al personal, como, por ejemplo, los pluses por control del ratio de consumo de las materias primas.

6.1. Realización de escandallos

El **escandallo** representa la suma de los costes, a precio de compra, de todos los ingredientes, incluidas sus cantidades, que son necesarios para la realización de un plato o bebida. Este documento no va a incluir el coste de la mano de obra, los suministros, etc., **solo va a contabilizar ingredientes.** Por tanto, el escandallo no da el coste final de un plato o bebida, sino el coste total de un plato antes de su realización.

El escandallo forma parte de la ficha técnica del artículo destinado a la venta y es una herramienta fundamental para:

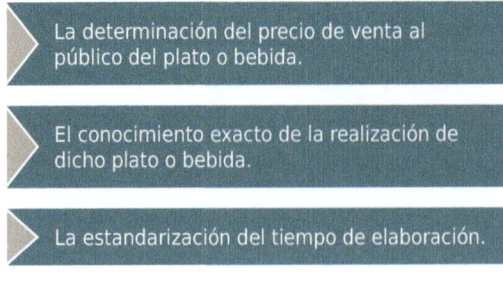

La determinación del precio de venta al público del plato o bebida.

El conocimiento exacto de la realización de dicho plato o bebida.

La estandarización del tiempo de elaboración.

Continúa en página siguiente >>

<< Viene de página anterior

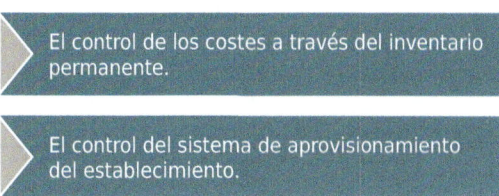

El control de los costes a través del inventario permanente.

El control del sistema de aprovisionamiento del establecimiento.

Dos de las premisas por las que se lleva a cabo el escandallo se relacionan con el conocimiento de los insumos destinados a la elaboración, así como el coste y el precio a determinar, siendo muy común utilizar el coeficiente multiplicador 3, ya que de esa manera, el responsable se asegura un coste mínimo del plato o de la bebida del 33 % y, por tanto, un margen de beneficios del 67 %.

Así, el precio teórico será el resultado de multiplicar el coste por persona por el coeficiente indicado, sirviendo de orientación para determinar el precio de venta al público (PVP), que será determinado por el responsable del negocio en torno al margen de beneficios que espera obtener.

 **EJEMPLO**

Para una elaboración que tenga un coste por persona de 1,97 €, la aplicación de un coeficiente multiplicador de 3 indica un precio teórico de:

$$=1,97 \times 3 = 5,92 \,€.$$

Pasos a llevar a cabo en la elaboración de un escandallo

A la hora de realizar un escandallo, se seguirán los siguientes pasos:

1. Siguiendo la ficha técnica de la elaboración, se anotarán en la hoja de escandallo todas las cantidades que se requieren para elaborar la receta, incluyendo aquellas que son desechadas al manipular determinados productos.
2. Calcular el coste total de la elaboración en el que se incluirán varias raciones y se multiplican las cantidades utilizadas de cada uno de los ingredientes por su coste.

3. Calcular las raciones resultantes de la elaboración del plato según se haya establecido el objetivo de gramaje por ración.
4. Dividir el coste total de la elaboración del plato entre el total de raciones para así obtener el coste total por ración o comensal.

ENTRANTE							
Mi-cuit en lingote							
Raciones	20						
PRODUCTOS	Uds.	Kg	Litros	Coste unitario	Coste total	Coste por pax	%
Azúcar blanquilla		0,250		0,90	0,23	0,01	0,6%
Brandy			0,200	12,00	2,40	0,12	6,1%
Confitura de pétalo de violeta	1	0,350		14,57	14,57	0,73	36,9%
Pan		1,000		5,50	5,50	0,28	13,9%
Pimienta negra molida		0,025		7,27	0,18	0,01	0,3%
Polvo de oro		0,001		209,00	0,10	0,01	0,3%
Puntas de foie extra	1	1,000		15,24	15,24	0,76	38,6%
Refresco de cola			2,000	0,57	1,114	0,06	2,9%
Sal fina		0,090		1,07	0,10	0,00	0,2%
Sumas		2,716	2.200		39,46	1,97	100%

Resumen	Concepto
Coste por persona	1,97 €
Coeficiente	3,00
Precio teórico	5,92
Precio venta bruto	5,56 €
Consumo	35,51 %
Margen bruto	64,49 %
Peso por persona	0,246 Kg

Ejemplo modelo escandallo

6.2. Relación de fichas técnicas

Las fichas técnicas son el documento en el que se plasman los ingredientes, método de elaboración, destino, presentación, idoneidad de servicio o incluso maridaje de una elaboración. Este documento permite conocer el gramaje exacto para la correcta elaboración de un plato o bebida, el número de raciones obtenidas, el procedimiento de elaboración (técnicas de cocinado, pelado, racionado, tiempo de elaboración...), así como indicaciones sobre dificultad, tipo de servicio, estacionalidad, imagen o idea de presentación, valor nutricional, etc. y la identificación de alérgenos, entre otros datos.

FICHA TÉCNICA ELABORACIÓN CULINARIA	Ficha nº _____

Identificación:_____	Número de personas:_____

Ejemplo de presentación

Ingredientes	Método de elaboración

Alérgenos

Información nutricional	Otro datos
	Tiempo de ejecución: Dificultad. Conservación: Temporada: Otros datos de interés:

6.3. Otros documentos asociados al control de consumos

Los productos utilizados como insumos en la elaboración u obtención de otros bienes requieren una **previa adquisición,** siendo determinante en el desarrollo posterior de la actividad; por tanto, se hace imprescindible en el control de consumos imponer un procedimiento documental que abale la gestión, siendo los registros asociados los siguientes:

➲ **Propuesta de pedido (vale de pedido interno):** se trata de la hoja de pedido que expide cualquier departamento al Departamento de Economato o Compras. En él se anotan las referencias que son requeridas pasando a ser preparadas para su retiro. Este documento, a su vez, se coteja para saber la situación de *stock* del almacén, facilitando posibles órdenes de compra futuras. Al mismo tiempo, el control de este documento expone el consumo de cada departamento.

Este documento debe ser firmado por el responsable del departamento solicitante, siendo entregado dentro del horario estipulado. Dicho registro documental se introducirá en el sistema informático facilitando la elaboración del inventario permanente.

- **Orden de compra:** se trata del documento generado por el responsable de almacén o compras para solicitar a proveedores externos la mercancía que permita la reposición del almacén.

  Este documento es muy importante, ya que también será utilizado para comprobar la mercancía en el proceso de recepción.

- **Albarán:** se trata del documento expedido por el proveedor como justificante de la entrega de mercancía. Se hace al menos por duplicado, quedando el original en manos del proveedor como justificante de haber entregado la mercancía y otro el responsable de almacén, sirviendo como comprobante en torno a la emisión de la factura.

  En el albarán se anotarán tantas incidencias como existan para después ser trasladadas a la factura final.

  Será firmado por el responsable de almacén.

  El albarán mostrará los datos del proveedor, así como la mercancía recibida, considerándose fundamentales los siguientes:

  - Datos de artículos recibidos
  - Cantidad
  - Unidad de valoración
  - Precio

- **Factura:** se trata del documento oficial en el que se recoge el albarán o albaranes emitidos durante un periodo. Este documento es emitido por el proveedor, quedando en manos del responsable de compras.

  La formalización de la factura debe cumplir con las exigencias legales actuales, siendo datos mínimos los siguientes: número de factura, nombre comercial del proveedor, datos de contacto, número de registro sanitario, periodo de facturación, nombre y datos fiscales del cliente, número de albarán o albaranes que recoge, plazos de pago...

- **Informe diario de compras:** se trata de un documento en el que se recogen todas las compras realizadas, dando a conocer el producto, el proveedor, la cantidad, el precio... Este informe servirá como comprobante en torno a la gestión posterior de facturación.

- **Memorando de retornos:** se trata de un registro en el que se exponen los posibles retornos realizados al proveedor. Esta acción es muy común en torno a los envases de bebidas que tienen un valor y son retirados por el proveedor. También puede ser utilizado para registrar el rechazo de algún producto que no se haya admitido.

⮞ **Informe diario de salidas:** se trata de un documento resumen en el que se anotan todos los artículos que han salido del almacén a lo largo del día.

⮞ **Parte de bajas:** se trata del registro de aquellos productos que estando en nuestras instalaciones han sufrido alguna incidencia. Se trata de salidas justificadas por rotura, vencimiento de fecha... En este documento se anotará el motivo de la baja, la cantidad de producto, así como otros datos de interés que la justifiquen. Se trata de un documento interno de control que aunque no suele ser habitual en pequeñas empresas, su uso propicia la buena gestión del establecimiento.

⮞ **Hoja de incidencias de proveedores:** se trata de un registro dirigido a justificar posibles anomalías producidas durante el proceso de recepción de mercancías. En él se debe especificar el nombre del proveedor, la fecha y la hora de recepción de la mercancía, la anomalía detectada, así como la posible solución adoptada.

Adquirida la mercancía, el proceso productivo propio de los establecimientos de restauración hace necesario establecer mecanismos de control en torno al registro de mermas o el control de gastos asociados a las invitaciones y atenciones y consumos del personal.

Estos actos, además de relacionarse con las ya descritas fichas técnicas y escandallos, se relacionan con los siguientes:

Registro de mermas
- Documento en el que se detallan las mermas asociadas a una elaboración o servicio. También puede recoger posibles roturas o descartes por deterioro de material. Ten presente que el control de las mermas normalmente las minimiza, obteniéndose una mayor rentabilidad.
- Una adecuada motivación del personal facilitará la reducción de mermas, garantizando un mayor aprovechamiento de los recursos de los que dispone el establecimiento.

Registro de consumos por invitaciones
- Documento en el que se refleja el consumo derivado de cubrir las invitaciones, ya que, en ocasiones, los artículos o servicios ofrecidos por un establecimiento son costeados por la propia empresa como consecuencia de atenciones o invitaciones a personas relevantes o por la celebración de futuros eventos que pueden generar un mayor rendimiento.

Continúa en página siguiente >>

<< Viene de página anterior

Registro de consumos de personal

- Los horarios asociados a la gestión del bar-cafetería propician que los propios empleados coman en el establecimiento. Esto genera un gasto que debe ser controlado de forma exhaustiva, ya que, a medio y a largo plazo, supondrá un gasto enorme y, por consiguiente, mermaría la cuenta de resultados de la empresa. Por tanto, es necesario establecer un control, pudiéndose imponer máximos de gastos que no resientan las ganancias del establecimiento.

7. Cálculo y estudio del punto muerto o umbral de rentabilidad

👉 HILO CONDUCTOR

El precio del menú ofrecido para la cena de gala del día 28 de febrero organizada por el restaurante TRQ tiene un precio de 45 €. La preparación de dicha cena ha supuesto un gasto de 2.550 €, teniendo preparado para 120 personas. No obstante, las reservas, por ahora, no superan las 65 personas, por lo que sabiendo que el coste de ración es de un 25 %, aún no se supera el denominado punto muerto o umbral de rentabilidad, por lo que se va a lanzar una campaña de publicidad a través de las redes, dado que no tendría un coste adicional.

A la hora de afrontar la apertura de un establecimiento de restauración, o bien comprobar su viabilidad en base a posibles inversiones, es importante establecer el denominado punto muerto, siendo este el punto de equilibrio o umbral de rentabilidad, es decir, las ventas que se deben producir para que el negocio, ni pierda, ni gane, cubriendo únicamente sus gastos.

NOTA

Se deduce que si se vende por encima del denominado punto muerto, se obtendrán beneficios.

El **cálculo del punto muerto** puede expresarse a partir de unidades de producto, así como unidades monetarias, pudiendo calcularse en torno a un servicio, producto, negocio, etc.

El cálculo del punto muerto hace necesario, entre otras, el uso de la siguiente fórmula:

> Punto muerto = Costes fijos / (Precio de venta – Coste variable unitario)

◁◎▷ EJEMPLO

En el restaurante TRQ se tienen unos costes fijos mensuales de 15.780 € y el precio del menú ofrecido a diario tiene un precio de 15,50 €.

Sabiendo además que el coste variable unitario sobre el menú se establece en el 23 %, se tiene que:

Punto muerto = 15.780 / (15,50 - 3,06) = 1.268,5 uds.

Por tanto, durante el periodo mensual se deberán ofrecer 1.268,5 menús para al menos no perder dinero, o lo que es lo mismo, al menos 42 menús diarios (suponiendo un mes de 30 días).

Con estas ventas conseguiría no dar pérdidas.

TAREA 12

Ernesto, dueño del restaurante TRQ, necesita conocer el punto muerto del mismo, con el objeto de ajustar su política de costes y de precios de cara a la nueva temporada estival que se avecina.

Para ello, tiene los siguientes datos:

- Costes variables: 4.700 €
- Unidades vendidas: 1.350 uds.
- Costes fijos: 9.000 €
- Precio unidad: 4,75 €

Calcula el punto muerto del restaurante e interprétalo correctamente.

---

8. Resumen

Para poder elaborar correctamente los platos y bebidas que se detallan en la carta de un establecimiento, los cocineros, los chefs y los camareros necesitan una serie de herramientas básicas. Ocurre lo mismo con el análisis de la situación financiera y patrimonial del restaurante: los gestores y administradores del mismo requerirán una serie de herramientas para poder analizar la información que la contabilidad les ofrece, con el objetivo de establecer las directrices necesarias y las indicaciones correctas para el buen funcionamiento de la empresa.

Algunas de estas herramientas se relacionan con el estudio de:

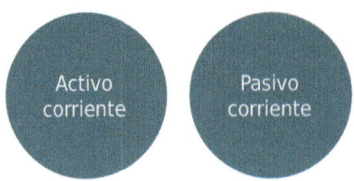

Activo corriente

Pasivo corriente

El análisis del balance de situación es básico para determinar el estado patrimonial que posee la empresa en un determinado momento. De su estructura y de los ratios que de él se desprenden y del análisis de las masas patrimoniales que lo conforman, se obtendrá información muy útil de cara a tomar decisiones a medio y a largo plazo, siendo algunos de los ratios a establecer los siguientes:

- Ratios de rentabilidad
- Ratios de rendimiento
- Ratios de circulación
- Ratios de estructura
- Ratios de solvencia
- Ratios de cobertura financiera

Para el control adecuado de la situación financiera del restaurante, es básico implementar un sistema de control de costes que determine cada uno de ellos en las diferentes partidas de gasto que se producen en el restaurante, el cálculo del coste de las materias primas mediante el escandallo, las hojas de mermas y las hojas de consumos. Diferenciando en su clasificación entre:

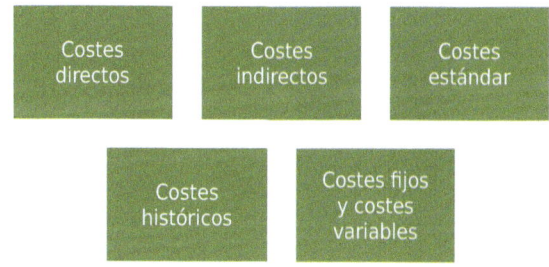

El cálculo del punto muerto o umbral de rentabilidad ofrecerá al empresario el nivel de ventas o número de clientes necesario a partir del cual el restaurante obtendrá beneficios. De su estudio se obtendrá información muy útil para la toma de decisiones a corto plazo, siendo una de las fórmulas que determinan su cálculo la siguiente:

Punto muerto = Costes fijos / (Precio de venta – Coste variable unitario)

Ejercicios de autoevaluación
Unidad de Aprendizaje 3

1. Indica si las siguientes afirmaciones son verdaderas o falsas.

a. En un balance de situación, los acreedores forman parte del activo corriente.

- ■ Verdadero
- ■ Falso

b. Las inversiones a corto plazo forman parte del patrimonio neto.

- ■ Verdadero
- ■ Falso

c. Las reservas y los beneficios no distribuidos forman parte del patrimonio neto de la empresa.

- ■ Verdadero
- ■ Falso

2. Relaciona las siguientes cuentas con sus grupos contables.

a. Caja y bancos
b. Maquinaria
c. Capital social
d. Compras de materias primas

__ Grupo 6
__ Grupo 2
__ Grupo 5
__ Grupo 1

3. El estudio del apalancamiento se utiliza para determinar el nivel de...

a. ... liquidez de la empresa.
b. ... capitalización de la empresa.
c. ... endeudamiento de la empresa.
d. ... calidad de la deuda de la empresa.

4. El estudio del equilibrio financiero de la empresa...

    a. ... no incluirá referencias a elementos de patrimonio de la empresa.

    b. ... determina si la situación patrimonial de la empresa es óptima o adolece de algún problema financiero o patrimonial.

    c. ... no incluye los activos y/o obligaciones en torno a deudas.

    d. Todas las opciones son incorrectas.

5. ¿Qué indica una situación de máxima estabilidad en el análisis del equilibrio patrimonial de una empresa?

    a. Inexistencia de obligaciones con terceras personas.

    b. No tiene deudas.

    c. Todo el activo se encuentra financiado con fondos propios.

    d. Todas las opciones son correctas.

6. El cálculo de rotación de materias primas se obtiene en torno a...

    a. ... las compras de materias primas entre las existencias de materias primas.

    b. ... las ventas entre el estocaje total de almacenamiento.

    c. ... la relación entre el número de ventas y el número de veces que el mismo cliente nos visita.

    d. Todas las opciones son incorrectas.

7. La deuda con coste sobre el pasivo total se relaciona con...

    a. ... el ratio de inmovilizado.

    b. ... los recursos ajenos con costes entre el pasivo total.

    c. ... el pasivo neto entre el ratio a largo plazo.

    d. ... el activo total neto entre el activo corriente neto.

8. El margen bruto de utilidad es...

    a. ... un ratio de endeudamiento.

    b. ... un ratio de solvencia.

    c. ... un ratio de rendimiento.

    d. ... un ratio de rotación.

9. Indica cuál de los siguientes no es un coste general de administración.

    a. El gasto del personal de administración.
    b. Los gastos bancarios.
    c. Los servicios pagados a profesionales, como abogados.
    d. La depreciación de las instalaciones.

10. El escandallo representa…

    a. … la suma de los costes, a precio de compra, de todos los ingredientes, incluidas sus cantidades, que son necesarios para la realización de un plato o bebida.
    b. … el método de elaboración de un plato, incluyendo su presentación.
    c. … el número de platos que se requieren para superar el umbral de rentabilidad.
    d. … el número de unidades vendidas de un producto en torno a un servicio concreto.

Manejo de programas informáticos en restauración

Contenido

Objetivos

El objetivo general de esta Unidad de Aprendizaje es:

→ Distinguir y utilizar los programas informáticos de gestión del restaurante.

Los objetivos específicos de esta Unidad de Aprendizaje son:

→ Identificar las funciones y procedimientos fundamentales de las aplicaciones de gestión del restaurante.

→ Utilizar los programas informáticos siguiendo las especificaciones establecidas.

1. Introducción

Con independencia del sector al que se dediquen, para todas las empresas en general y no solo para las dedicadas a la restauración, es fundamental llevar a cabo una buena gestión, una adecuada comunicación entre sus miembros y una correcta planificación de sus acciones y gestión de sus recursos, con el único fin de conseguir sus objetivos planificados.

Por ello, los responsables de dichas empresas saben que la inversión en *software* de gestión y en nuevas tecnologías de la información y de la comunicación (TIC) es fundamental para la consecución de sus objetivos.

Este tipo de *software* de gestión va a permitir a las empresas hosteleras optimizar sus recursos y mejorar de manera significativa la relación con sus trabajadores y con sus clientes.

En base a estas premisas y para ofrecer una mayor practicidad al estudio del análisis contable de restauración, continuaremos exponiendo los ejemplos o casos acontecidos en el restaurante TRQ.

2. Manejo de los principales programas de gestión y control de restauración

☞ **HILO CONDUCTOR**

Para la toma de comandas y gestión de cobros del restaurante TRQ se utiliza un sistema tradicional, lo que supone un esfuerzo extra en los procesos propios de la actividad.

Se espera que para la próxima semana se pueda comenzar a informatizar todo, partiendo de la adquisición de un terminal de punto de venta o TPV, al que se le integrará un *software* adecuado a nuestras necesidades, así como los principales programas de gestión y control necesarios, como son programas de hojas de cálculo y de creación de bases de datos, entre otros.

Las nuevas tecnologías de la información y de la comunicación han traído consigo un sinfín de ventajas a la hora de gestionar las actividades diarias que se realizan en un establecimiento dedicado a la restauración, ya que van a permitir optimizar las ventas, modernizando todas y cada una de las acciones que se llevan a cabo en el establecimiento.

Las nuevas tecnologías de la información y de la comunicación van a proporcionar un menor esfuerzo y tiempo a la hora de realizar los pedidos a los proveedores, obtener las comandas de las mesas y cobrar a los clientes de manera rápida y sencilla, adaptándose fácilmente a las nuevas aplicaciones y soluciones informáticas que vayan surgiendo.

Pese al coste que tiene su implantación, sus ventajas en la gestión del establecimiento son evidentes, por ello su **implementación generalizada,** siendo ventajas asociadas a su uso las siguientes:

- La gestión de los recursos con los que cuenta el empresario, que le van a permitir realizar inventarios mediante una planificación exhaustiva de los futuros pedidos de materias primas.
- La gestión de las comandas mediante una comunicación directa entre el camarero y el servicio de cocina, permitiendo de esta forma que los platos salgan antes y sin errores.
- La gestión del cobro de cada mesa, permitiendo de manera visual obtener los pedidos de cada una de ellas y calculando el importe a cobrar mediante la forma de pago elegida al efecto.
- Un análisis y balance de la gestión diaria del establecimiento, obteniendo información muy valiosa, con el objeto de poder tomar decisiones en cuanto a las acciones a emprender para la consecución de los objetivos marcados por parte de la dirección del establecimiento.

 **NOTA**

Con la implementación de *software* de gestión en los establecimientos se pretende optimizar la labor realizada por los empleados.

2.1. Hojas de cálculo

Las hojas de cálculo son un tipo de documento electrónico que va a permitir a sus usuarios la manipulación de datos tanto numéricos como alfanuméricos dispuestos en un formato de **tablas formadas por celdas,** las unidades mínimas de información con las que trabajan estas hojas de cálculo.

En estas celdas se introducen los valores y las fórmulas o funciones que el usuario quiere que se calculen. Además, estas hojas van a permitir la posibilidad de realizar cálculos complejos con un número muy elevado de datos, así como su análisis mediante la realización de gráficos de muy diversa índole.

Algunas de las aplicaciones más significativas en torno a las hojas de cálculo son Microsoft Office Excel, LibreOffice Calc o incluso la desarrollada por Apple, Numbers. (© Fotografía: dennizn / Shutterstock.com)

Manejo y uso

Al abrir el programa, encontrarás una ventana cuadriculada formada por celdas. Una celda es la **intersección de una fila con una columna.**

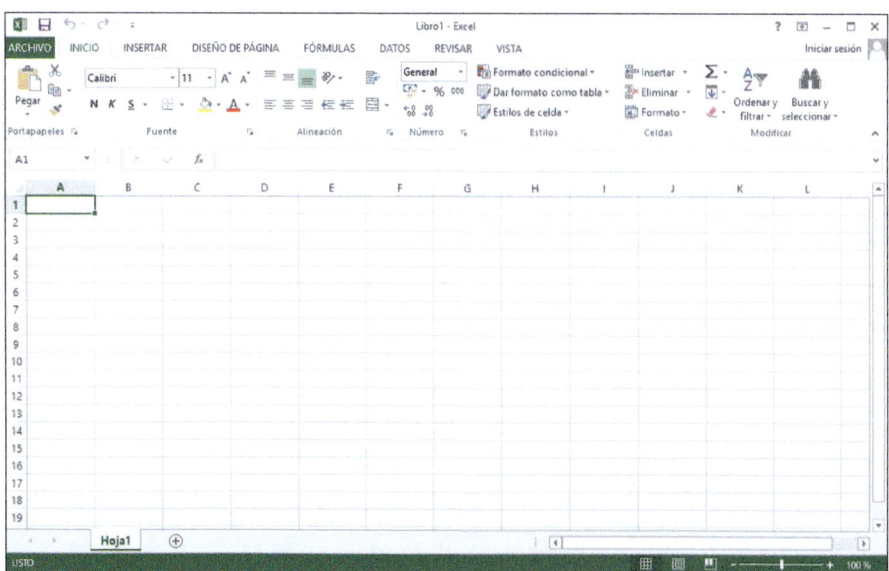

Las **filas** están numeradas y comprenden desde la primera (la número 1) hasta la última (la 1.048.576).

Las **columnas** están nombradas con una letra y comprenden desde la letra A hasta la XFD, por orden alfabético.

El manejo y uso de este programa requiere que conozcas una metodología propia, la cual puedes observar a continuación:

◯ **Cómo referirse a un grupo de celdas:** existe un método para referirse a un grupo de celdas. Este bloque de celdas se conoce como **rango** y viene definido por la primera celda del bloque seguido de (:) y la última celda del bloque. Un ejemplo es el siguiente, siendo el rango de celdas **B3:D7**.

◯ **Cómo introducir datos en una celda:** para introducir un dato en una celda, primero se debe hacer clic sobre ella y, a continuación, escribir el dato. Una vez escrito, se pulsa la tecla [Enter] para que el dato quede introducido.
También es posible introducir un dato a través de la barra de fórmulas, que es la barra que hay encima de las columnas.

➲ **Cómo editar datos en una celda:** para editar un dato de una celda, se debe hacer doble clic sobre ella o bien seleccionarla y pulsar la tecla [F2]. De este modo aparecerá el punto de inserción para poder modificarla.

➲ **Cómo eliminar datos de una celda:** para eliminar el contenido de una celda, se selecciona y se pulsa la tecla [Suprimir].

➲ **Cómo renombrar una hoja:** se trata de hacer doble clic sobre la pestaña **Hoja** e introducir el nombre deseado.

En el ámbito del bar-cafetería, una hoja de cálculo puede ser útil para llevar las anotaciones de las operaciones realizadas, llevar un control de recaudación, crear listados, etc. Así, por ejemplo, es posible ir anotando los ingresos diarios que se realizan diariamente en una columna y en otra ir anotando los gastos diarios.

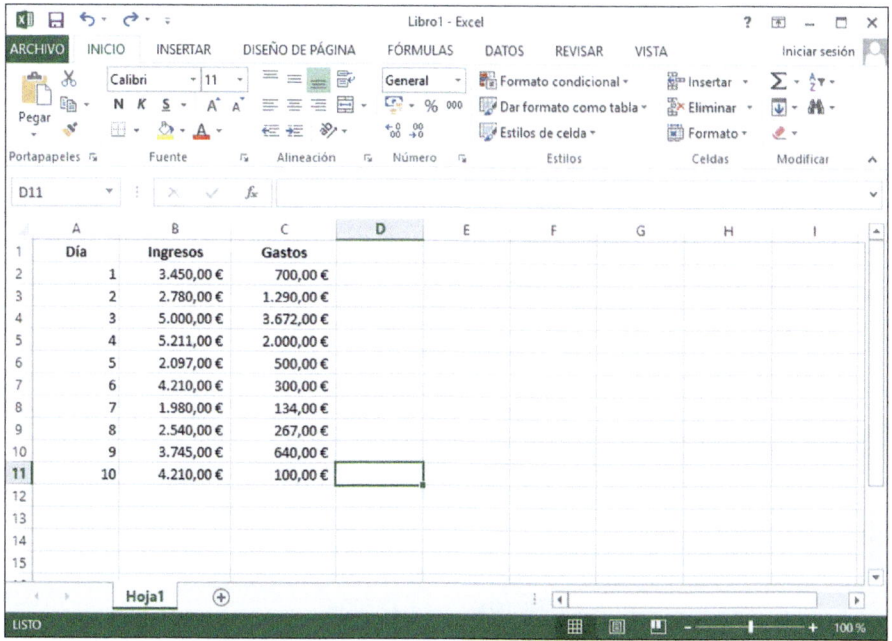

Fórmulas en Excel

Para introducir una fórmula en *Excel*, debes situarte en una celda e introducir como primer carácter el signo (=). A continuación, se introduce la fórmula. Así, un ejemplo básico puede ser una SUMA, viéndose representada a continuación:

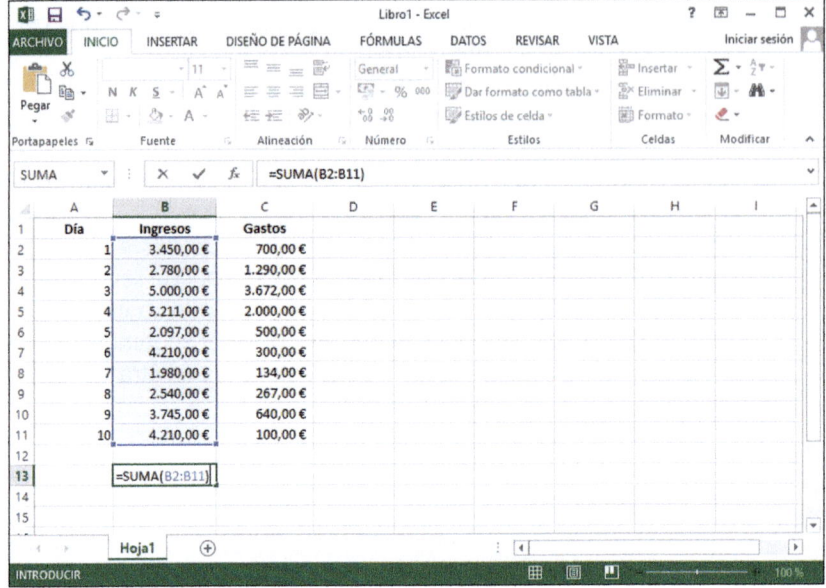

En este caso *Excel* calculará la suma del rango indicado.

Excel también te permite ver un listado de las funciones de que dispone, presionando el botón **Insertar función** que se encuentra en la barra de fórmulas.

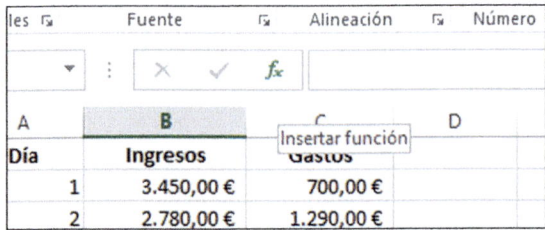

Se abrirá el siguiente cuadro de diálogo, en el que verás un listado de las funciones utilizadas más recientemente, pudiendo seleccionar aquella acción que desees.

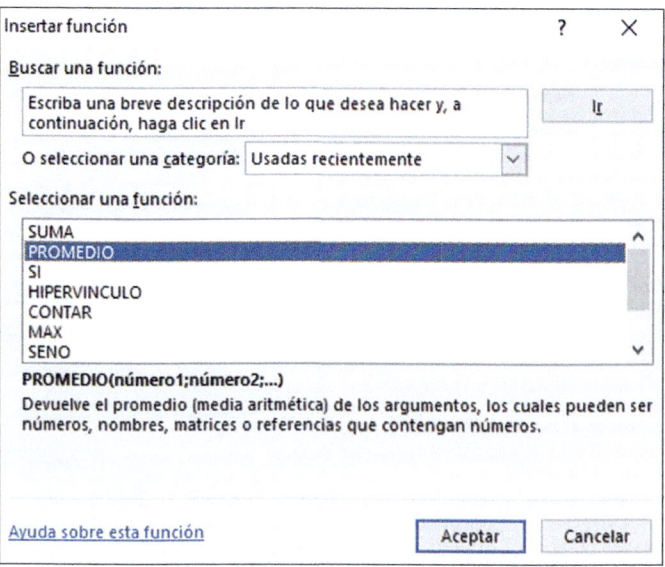

Los pasos a seguir son los presentados a continuación:

- **Paso 1:** despliega la lista **Categorías,** donde podrás seleccionar funciones específicas a la categoría señalada.

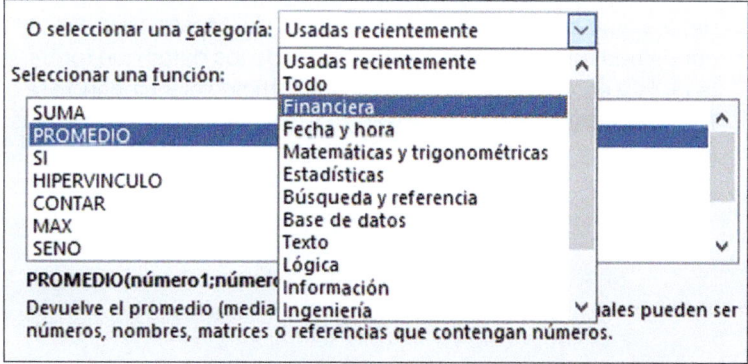

- **Paso 2:** una vez que tienes la función localizada, selecciónala y pulsa el botón Aceptar. Aparecerá otro cuadro de diálogo en el que debes introducir los datos que se piden. Puedes introducirlos manualmente o bien mediante el botón que hay al lado de la caja de texto, seleccionándolo y haciendo clic sobre las celdas que formarán parte de la fórmula.

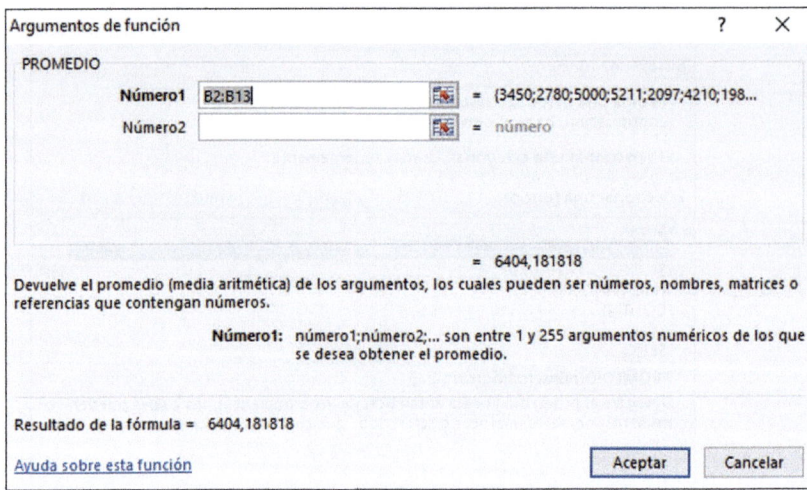

⊃ **Paso 3:** una vez introducidos los datos, puedes ver el resultado de la fórmula en el propio cuadro de diálogo. Ya solo te queda pulsar el botón Aceptar para que el resultado se introduzca en la celda.

Formato tabla en Excel

Otra función de *Excel* que puede resultar sumamente útil es la de tratar los datos como si fueran una tabla, al estilo de *Access*. Para ello, se puede hacer de una forma muy fácil, seleccionando los datos que formarán parte de la tabla y en el grupo **Estilo** de la ficha **Inicio** seleccionando la opción **Dar formato como tabla.** Se desplegará una lista con unos estilos de tablas predefinidos.

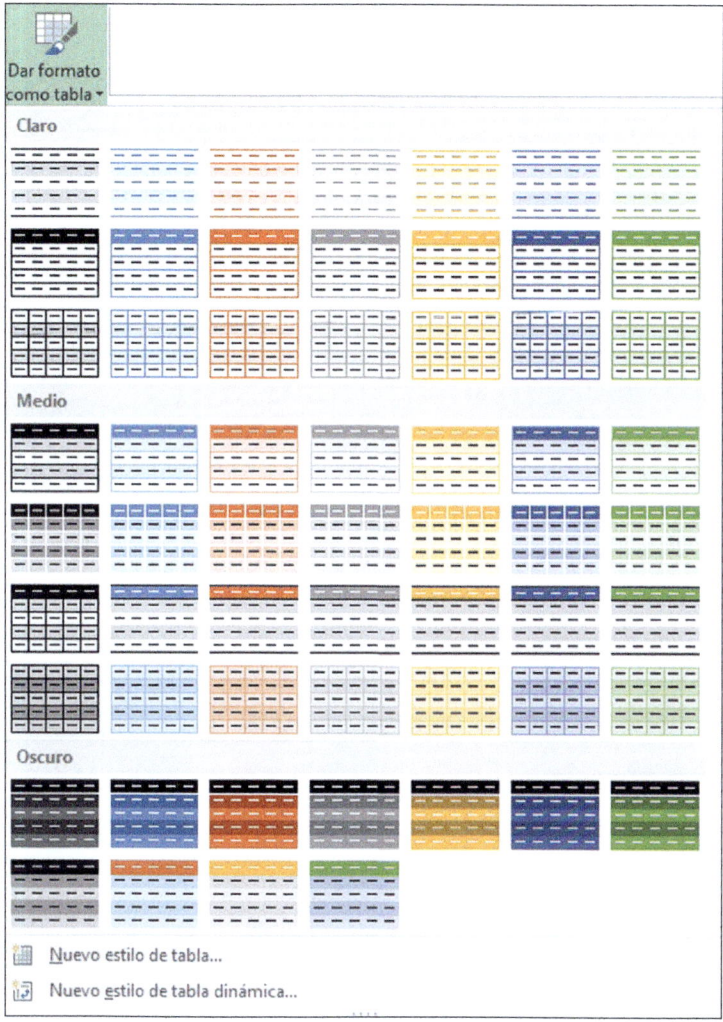

Estilos de tabla en Excel

Selecciona un estilo y este será aplicado a los datos seleccionados.

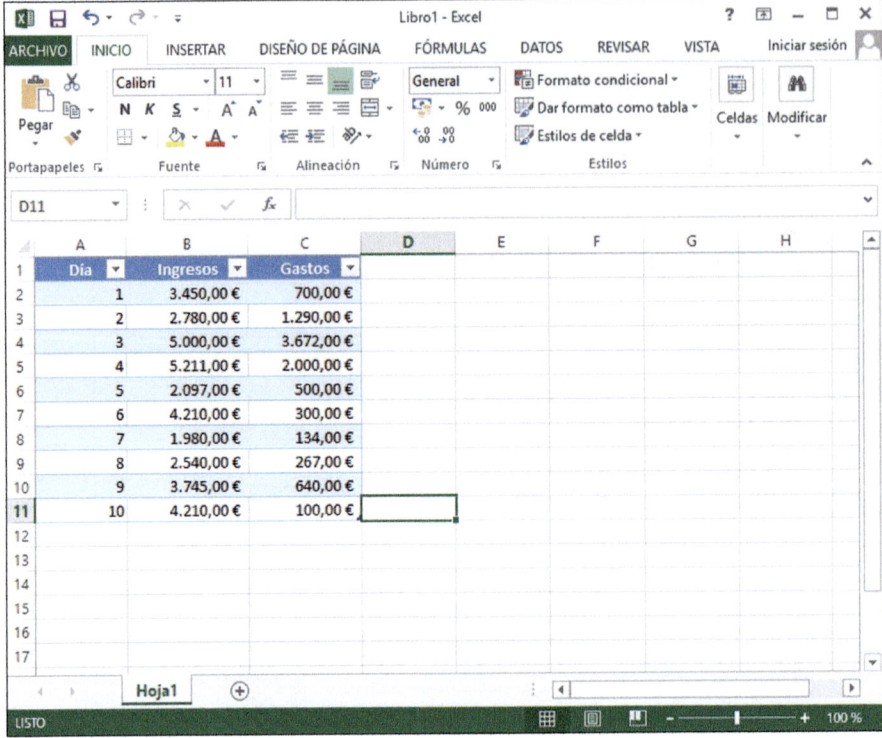

Tabla con estilo aplicado

NOTA

En la cabecera de las columnas aparecen unos botones iguales que los que viste en *Access* para realizar la consulta. Desplegándolos podrás seleccionar los datos que quieres ver.

Insertar gráficos en Excel

Otro aspecto que te puede interesar es la creación de gráficos estadísticos. Para ello, desde la ficha **Insertar,** en el grupo **Gráficos,** puedes seleccionar un tipo de gráfico y este automáticamente tomará los datos necesarios para mostrarlo.

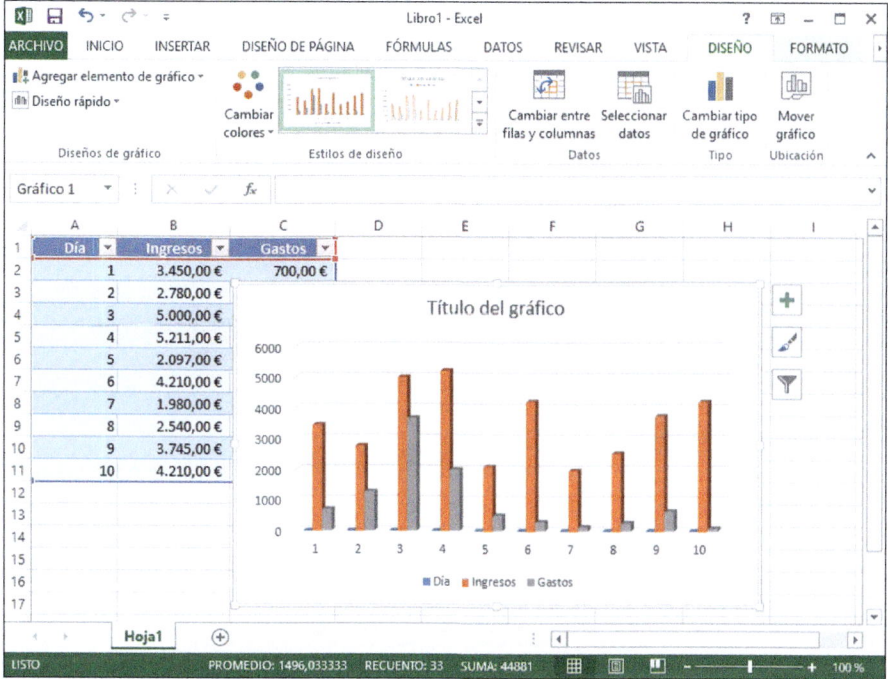

Insertar tablas dinámicas en Excel

Las hojas de cálculo también ayudan al empresario a obtener **información útil para la toma de decisiones.** Para ello, las tablas dinámicas permiten presentar desde cualquier punto de vista la información contenida en la misma mediante el uso de funciones de resumen, como son la suma y el promedio.

Una tabla dinámica tiene un carácter marcado interactivo, ya que una vez que ha sido creada por el usuario, la información mostrada puede ser resumida y organizada de distinta forma. Además, permite la posibilidad de que si la lista donde se encuentran los datos es modificada, la tabla **se modifica automáticamente.**

En una tabla dinámica, un campo es una categoría de datos, como, por ejemplo, vendedor o trimestre, mientras que un elemento es una subcategoría o integrante de un campo, como, por ejemplo, el nombre de los vendedores o la región a la que pertenecen.

Para crear una tabla dinámica, es necesario:

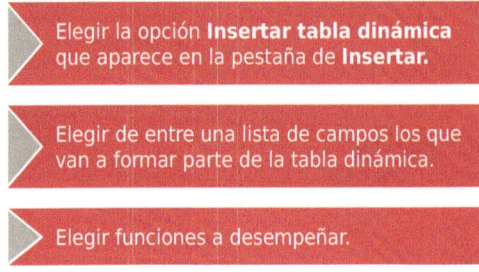

Elegir la opción **Insertar tabla dinámica** que aparece en la pestaña de **Insertar.**

Elegir de entre una lista de campos los que van a formar parte de la tabla dinámica.

Elegir funciones a desempeñar.

NOTA

Una vez que la tabla dinámica se encuentra creada, si se modifican los datos, esta se modificará automáticamente sin necesidad de volver a crearla.

Otras operaciones en Excel

Otra de las funciones utilizadas en una hoja de cálculo cuando se manejan multitud de datos numéricos es la denominada: **subtotales,** muy útil cuando el usuario puede llegar a tener la necesidad de obtener determinada información, como, por ejemplo, totales parciales y totales globales de una determinada columna de una lista.

Para poder realizar la opción de subtotales, la lista debe ser previamente ordenada y, a continuación, utilizar la opción Subtotal de la pestaña Datos, donde el usuario podrá elegir la columna en función de la cual la hoja de cálculo realiza los subtotales.

A continuación, se deberá elegir la función que se desea que realice la hoja de cálculo para realizar el subtotal. En concreto, las funciones que se pueden usar para la creación de subtotales son:

Suma

- Mediante esta función se suman los valores de las celdas.

Continúa en página siguiente >>

<< Viene de página anterior

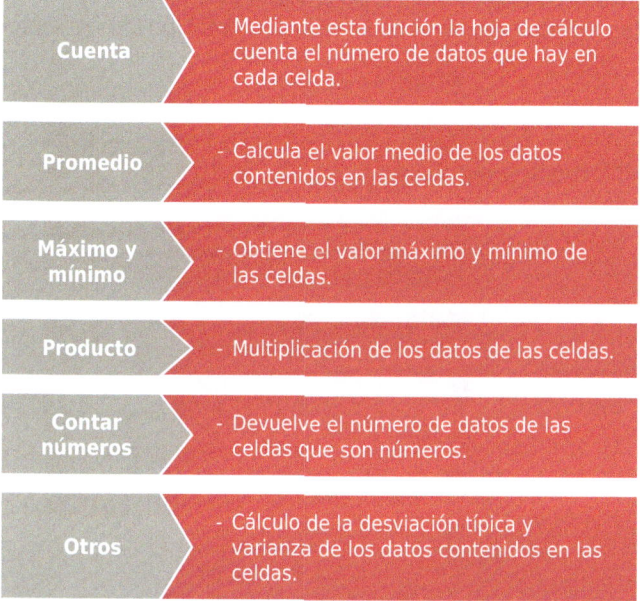

Finalmente, otra de las herramientas importantes que la hoja de cálculo aporta a los empresarios hosteleros es la **consolidación de los datos** con distribuciones similares y rótulos de fila iguales en lo que se denomina **hoja maestra.**

Este tipo de herramientas es muy útil, como, por ejemplo, en el caso de que el empresario quisiera obtener la información consolidada de ventas partiendo de hojas de cálculo que contienen los datos de ventas de los distintos días de actividad del restaurante.

Mediante la función **Consolidar datos** situada en la pestaña **Datos,** se aglutinarían los datos en otra hoja de cálculo seleccionada por el empresario, dando la información demandada por este de una manera sencilla y pudiendo obtener conclusiones a partir de ellos.

2.2. Sistemas de introducción de base de datos

Cabe la posibilidad de que el empresario o administrador del establecimiento se pregunte por la necesidad de realizar una base de datos para el restaurante. En ese supuesto la respuesta es bien sencilla, es muy importante que **se genere, se actualice y se mantenga** una base de datos de los clientes. El motivo principal es la venta, y no solo la generación de nuevas ventas, sino la fidelización de los clientes y, por consiguiente, la garantía de obtener futuras ventas, siendo beneficios asociados a su creación los siguientes:

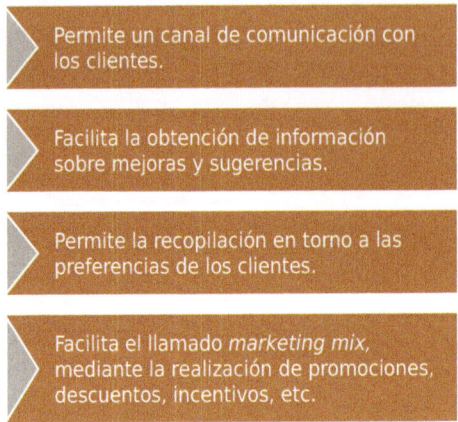

Por tanto, una base de datos va a permitir, fundamentalmente, mantener una comunicación básica con los clientes del restaurante, **conociendo en detalle sus necesidades** con el objetivo de ofrecerles un mejor servicio.

La información que es preciso recabar para confeccionar la base de datos puede variar de un restaurante a otro, ya que esta deberá estar orientada a la búsqueda del beneficio del establecimiento.

Información a incluir en una base de datos

La información que puede ser útil para el establecimiento y que se ha de incluir en la base de datos hace referencia a:

- **Fechas importantes:** se puede incluir una lista con las fechas más importantes a tener en cuenta, como, por ejemplo, cenas de aniversario, celebraciones especiales, etc., ya que de ese modo se puede anticipar el establecimiento ofreciendo determinados servicios, promociones, descuentos, etc., que sean del gusto del cliente.
- **Preferencias e intolerancias:** conocer las preferencias e intolerancias, sobre todo para aquellos clientes más selectos, como, por ejemplo: conocer la mesa que suelen ocupar con más asiduidad, alergias a determinados productos, etc.

⮞ **Fecha última visita:** conocer la fecha de la última visita realizada al restaurante ayudará a conocer la frecuencia de visitas, consumos; así, el posible ofrecimiento de ofertas especiales.

⮞ **Tipo de público:** el tipo de público que acude con más asiduidad al establecimiento; de esta forma, se obtiene información que puede ayudar a confeccionar la carta en función de los clientes y de los días que estos acuden al establecimiento.

⮞ **Listado de los platos más solicitados:** conocer los platos más solicitados por los clientes e incluso disponer de un listado de los platos más demandados por cada uno de ellos.

 IMPORTANTE

Lo más importante de tener una base de datos sobre los clientes del establecimiento es que puede ser analizada toda esta información, permitiendo así identificar las posibles necesidades y cambios en el comportamiento de los clientes, con lo que el establecimiento puede anticiparse a futuros problemas.

Creación base de datos

Para la creación de la base de datos existe en el mercado multitud de *software* ofimático para ello. Desde los programas de bases de datos que vienen incluidos en los paquetes ofimáticos, ya sean libres o de pago, como por ejemplo *Access, Microsoft SQL Server Management Studio,* así como aquellos programas más específicos y personalizados a los establecimientos, como pueden ser *Ressbook, Prosicar Bar Restaurante,* etc.

En concreto, *Access* es uno de los programas de creación de base de datos más extendidos, por lo que a continuación se procede a describir los pasos a llevar a cabo para su creación.

Primer paso

Una vez abierto el programa, aparecerá una ventana donde debes establecer un nombre para la base de datos. En este caso se llamará **Clientes.** Debes pulsar el botón **Crear** para crearla.

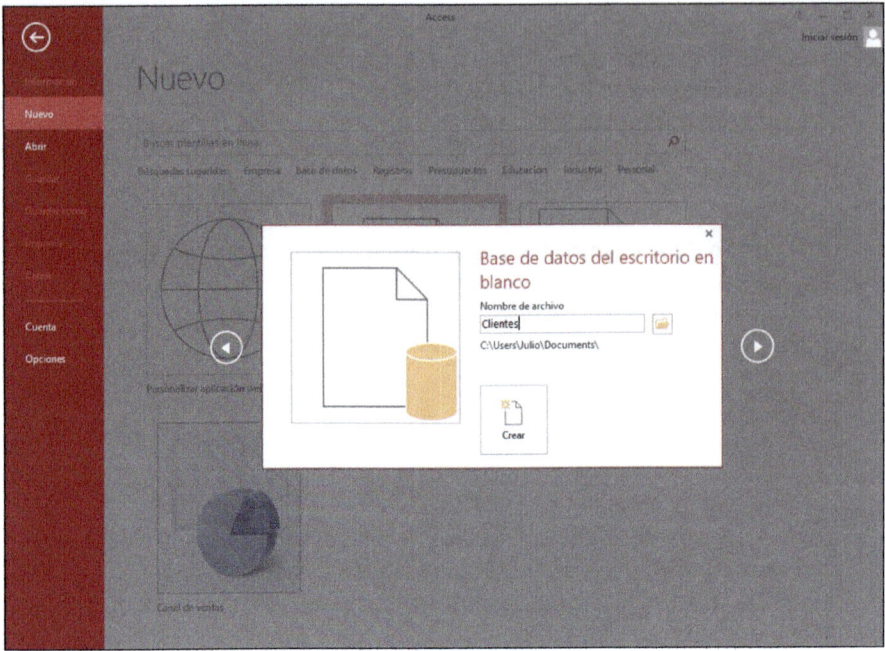

Segundo paso

Al principio la BD está vacía y aparece una tabla sin ningún campo para comenzar a crearla.

Los datos de los clientes debes obtenerlos bien directamente pidiéndoles la información o bien pasándoles unas tarjetas en las que ellos mismos rellenarán los datos que les solicites.

Para una BD de clientes, los datos que se pueden pedir son los siguientes:

- ⮑ NIF
- ⮑ Nombre
- ⮑ Apellidos
- ⮑ Dirección
- ⮑ Localidad
- ⮑ Provincia
- ⮑ Código postal
- ⮑ Fecha de nacimiento
- ⮑ Correo electrónico
- ⮑ Grupo al que pertenecen. Este último campo lo puedes utilizar para realizar una consulta en la tabla.

Con estos datos, el diseño de la tabla puede quedar de la siguiente manera:

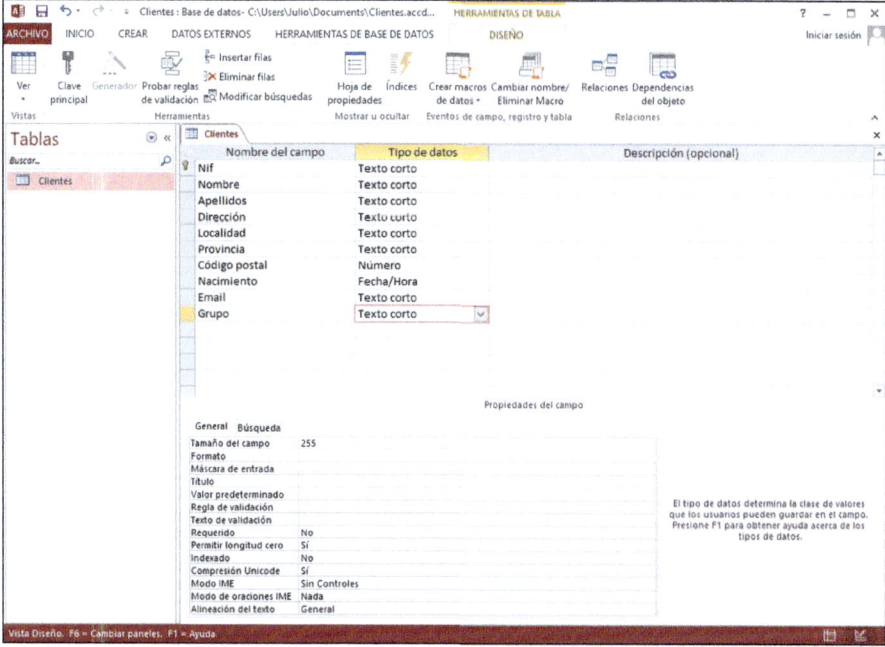

Tercer paso

Si pasas a **Vista Hoja de datos** puedes comenzar a introducir los datos.

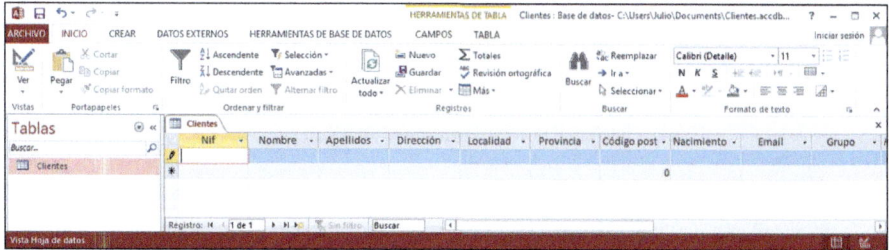

Aunque te puede resultar más cómodo crear un formulario automático desde el que poder introducir los datos más fácilmente. Para ello, en la ficha **Crear** del programa selecciona la opción **Formulario.** Automáticamente, aparecerá el formulario, al que puedes darle formato para que estéticamente resulte más agradable.

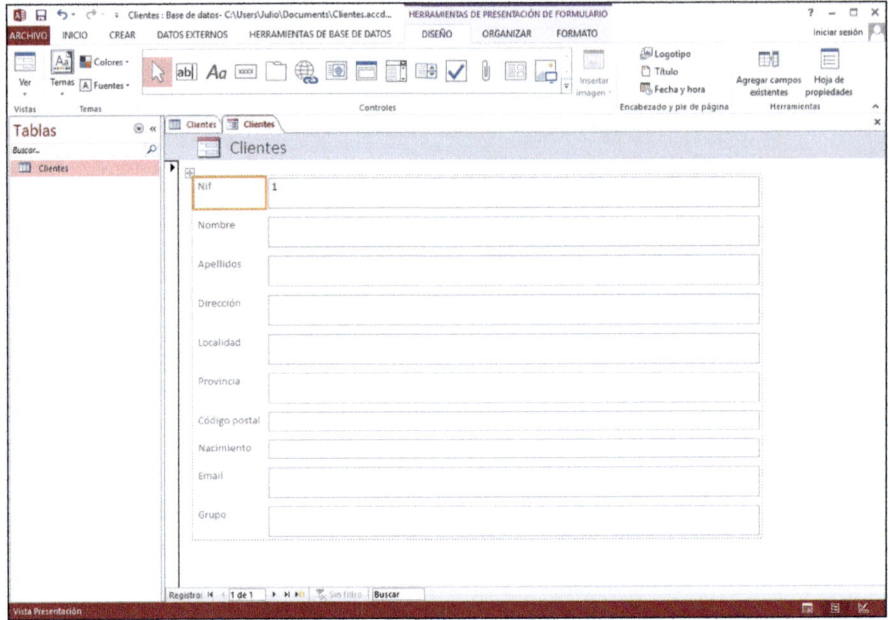

Cuarto paso

Ve introduciendo datos y cuando tengas uno completo, pulsa sobre la opción **Nuevo** para que cree un nuevo registro vacío y así continuar introduciendo datos.

Un registro es un conjunto de datos que pertenecen a una misma entidad. En este caso, al rellenar los datos de un cliente, estarás creando un registro de ese cliente con todos los campos asociados a él.

Los datos podrás verlos directamente en el formulario o en la tabla, pero existe la opción **Informes** que mostrará un listado de los registros de tu tabla.

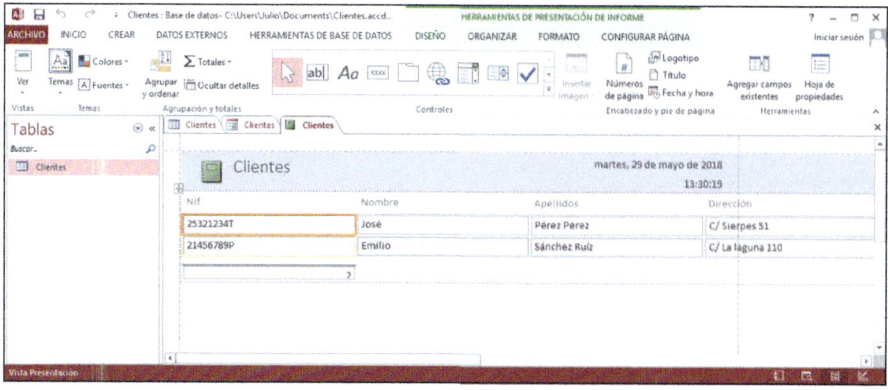

Quinto paso

Por otro lado, como te he comentado antes, puedes crear consultas para mostrar cierto tipo de información. Para ello, selecciona la opción **Asistente para consultas** de la ficha **Crear** y selecciona los datos que deseas mostrar.

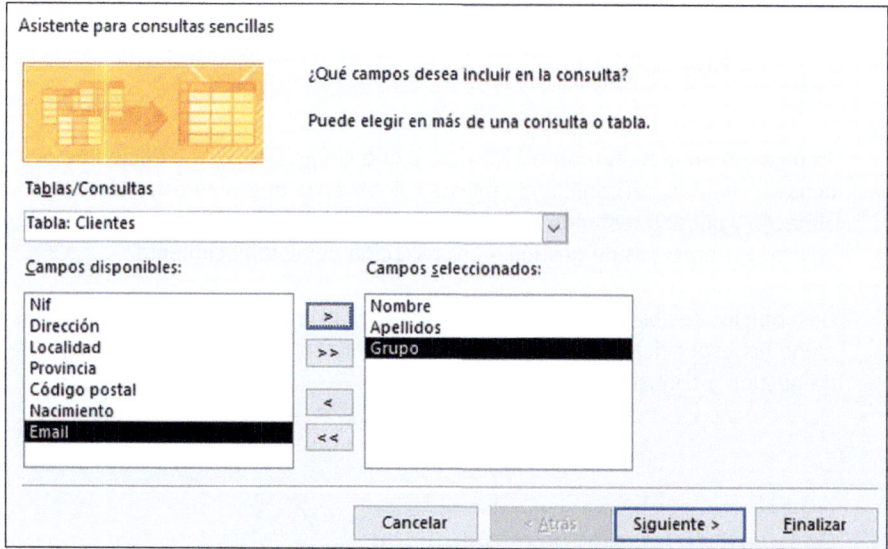

Sexto paso

Una vez creada la consulta, puedes aplicarle un filtro desde la cabecera de las columnas, activando solo la opción que te interese.

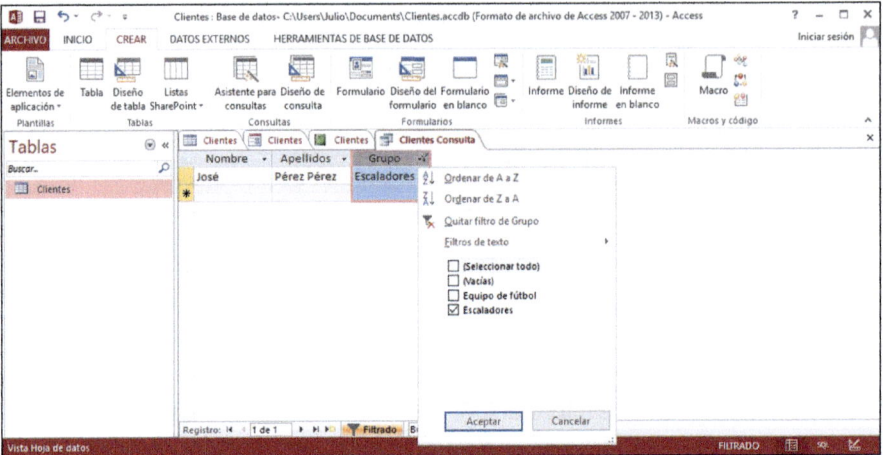

 TAREA 13

Trabajando en el restaurante TRQ tienes que llevar a cabo la creación de una ficha de clientes, así como una tabla de cálculo en la que se registre el *stock* del almacén y poder ir restando a diario los gastos producidos. Con ello se pretende agilizar los procesos de gestión y organización del establecimiento.

Describe los posibles pasos a llevar a cabo para la creación de dichas fichas, así como las especificaciones a llevar a cabo para comenzar a registrar los datos de gestión y control del restaurante.

2.3. *Software* de gestión de restauración

Son numerosas las ventajas que va a proporcionar a los empresarios la implementación de *software* de gestión en sus establecimientos, entre las que destacan:

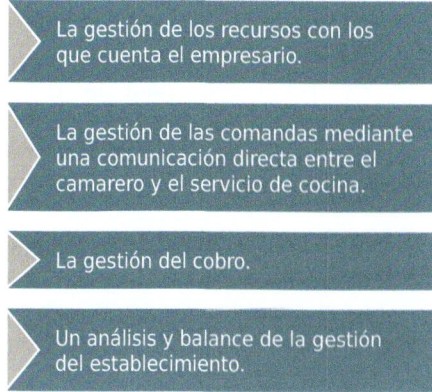

Sin embargo, al igual que cada establecimiento es diferente al resto, el *software* de gestión de cada uno de ellos también debe ser distinto. Esto es así porque para cada restaurante el mejor *software* es **aquel que mejor se adapte a las necesidades de gestión del mismo.** Solo con la personalización del *software* a las necesidades y características del establecimiento se conseguirá obtener un sistema capaz de gestionar de manera eficaz las actividades diarias del establecimiento.

NOTA

El uso del *software* de gestión de restauración tiene asociado el uso de un *hardware* característico, en el que destacan los denominados como terminales de punto de venta (TPV), así como distintos dispositivos satélites que lo complementan.

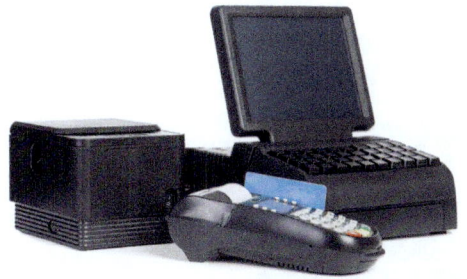

Pantalla táctil, comandero electrónico, caja de recaudación, emisor de tiques, etc. son algunos de los elementos característicos de este hardware.

Manejo de *software* propio de la gestión del bar-cafetería

Existen multitud de programas para la gestión del bar-cafetería. Normalmente, al adquirir el equipo, te suministrarán el *software* para la gestión. No obstante, se puede comprar el *software* independientemente e instalarlo en un ordenador.

Vamos a ver cómo se instala y cuál es el funcionamiento de un *software* en concreto: ITACTIL. Cualquier *software* y equipo se tratará de forma similar a este. Generalmente, el programa se distribuye en un dispositivo de almacenamiento o bien se descarga de internet comprando una licencia por el mismo medio.

Instalación del software

A continuación, puedes ver los pasos a seguir para llevar a cabo la instalación del *software:*

- ➲ **Primer paso:** al acceder a la web e introducir el número de licencia, o al introducir el dispositivo de almacenamiento en tu equipo, verás el enlace o archivo de instalación, con el nombre Instalar, Setup o incluso el mismo nombre del programa. Hay que hacer doble clic sobre él para comenzar la instalación.
- ➲ **Segundo paso:** si por ejemplo, el sistema operativo de que disponemos es Windows, el primer cuadro de diálogo que te aparece será el de bienvenida, y consistirá en un asistente que te irá guiando en los pasos necesarios para instalar el programa.

⮑ **Tercer paso:** una vez pulsado el botón **Siguiente,** aparecerá una pantalla mostrando la licencia del *software* que se va a instalar.

Si estás de acuerdo, selecciona la opción **Acepto** los términos del acuerdo y pulsa el botón **Siguiente** para continuar con la instalación.

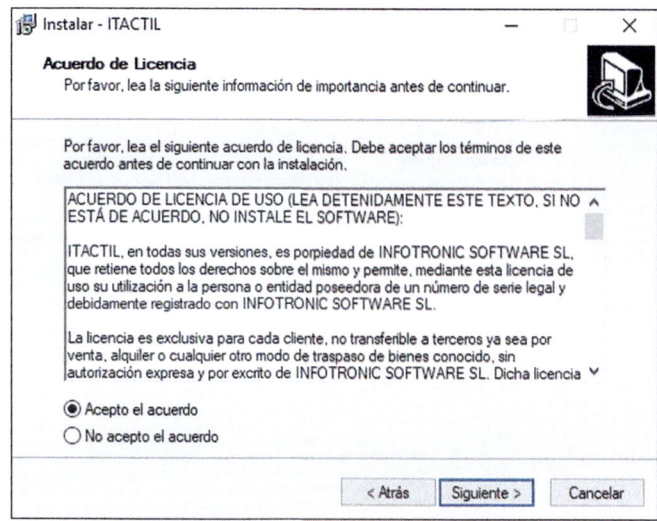

⮑ **Cuarto paso:** en el siguiente paso de la instalación, debes indicar la ubicación en la que debe instalarse la aplicación. El programa por defecto te ofrecerá una que puedes cambiar a tu elección.

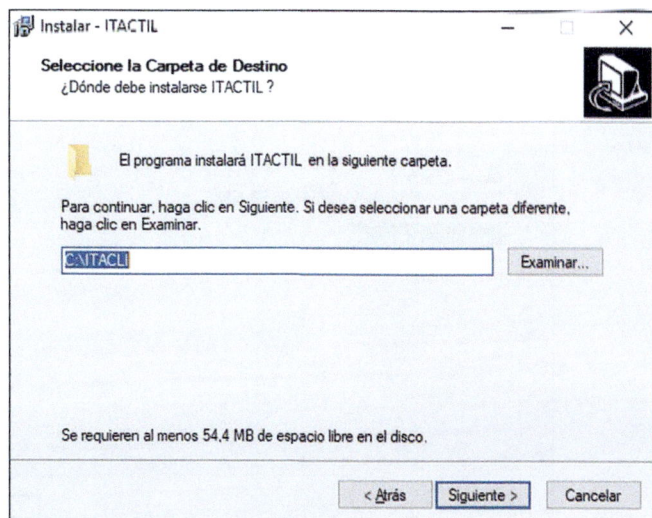

◗ **Quinto paso:** en el siguiente paso, debes confirmar el nombre con el que el programa aparecerá en el menú **Inicio,** es decir, donde aparecen los accesos directos de las aplicaciones que instalas. Una vez decidido, pulsa el botón **Siguiente.**

Ya estas casi al final de la instalación y el asistente te mostrará la información que has ido introduciendo o aceptando, así como la carpeta donde se instalará el programa y el nombre del menú **Inicio.**

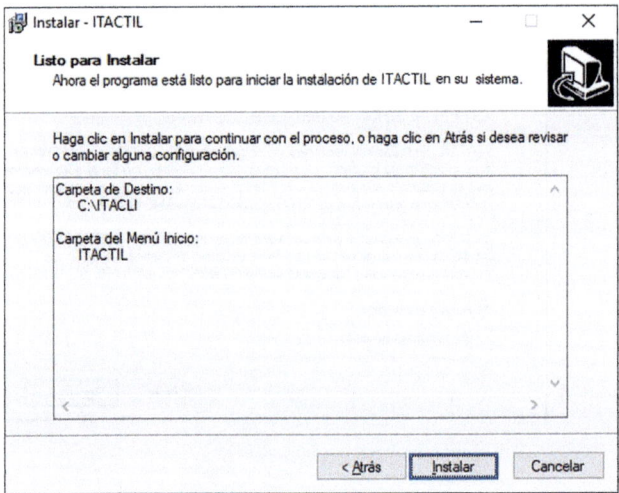

◗ **Sexto paso:** al pulsar el botón **Instalar,** comenzarás con la instalación del programa.

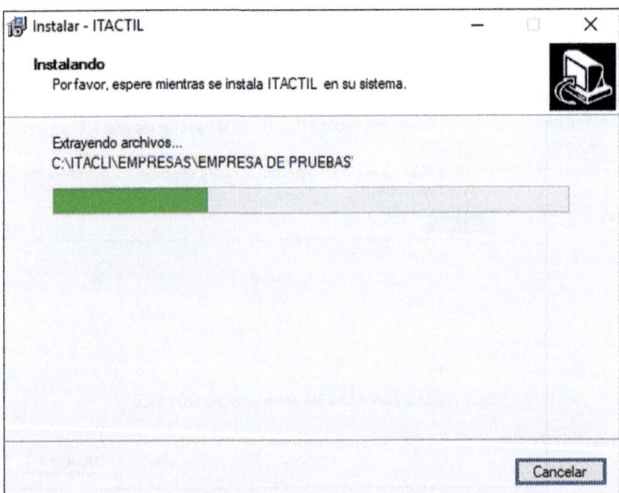

◗ **Séptimo paso:** una vez instalado por completo el programa, aparecerá la pantalla que informa del final de la instalación, permitiendo ejecutar el programa directamente.

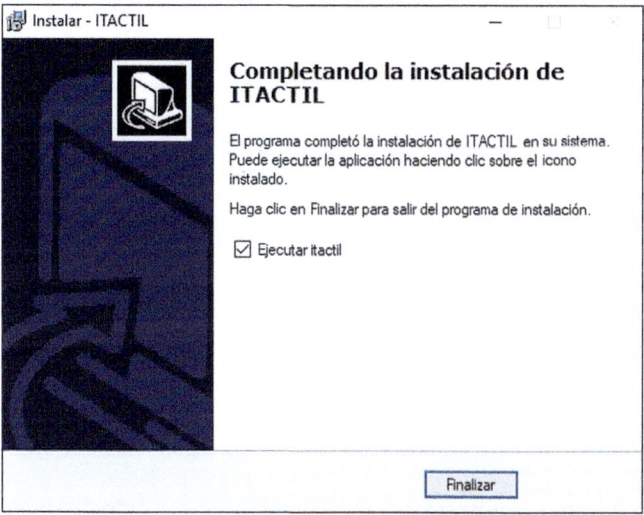

 **NOTA**

Si el registro de la aplicación se lleva a cabo a partir del uso de la licencia web, se abrirá la ventana de registro, rellenando los datos de usuario para activar la licencia e introducir las claves de licencia recibidas.

Ejecutar el software

Para ejecutar el programa, hay que desplegar el menú Inicio de *Windows* y en la lista que aparece seleccionar el nombre del programa. Haciendo clic sobre él comenzará su ejecución.

La primera pantalla que aparece permite entrar como usuario o como administrador. Ten presente que el administrador es el que puede configurar, actualizar, añadir productos..., mientras que el usuario solo podrá manejar el programa según los datos que el administrador haya introducido.

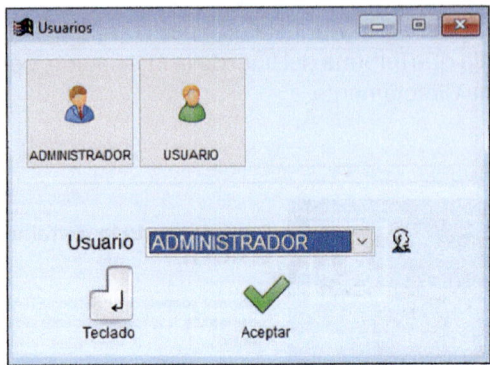

Ejemplo imagen proceso ejecución de software instalado

Proceso de ejecución

En el proceso de ejecución del *software* instalado, y haciendo uso del perfil de administrador, puedes diferenciar los siguientes parámetros a gestionar:

- **Primer parámetro:** al entrar como administrador la primera vez, tendrás que crear un nuevo ejercicio, estableciendo un nombre de empresa y seleccionando el año en curso. También podrás traspasar al nuevo ejercicio diferente documentación que tuvieses guardada anteriormente, como albaranes de venta, pedidos, presupuestos, etc. Para ello, solo tienes que marcar las casillas que te interesen y pulsar el botón **Aceptar.**

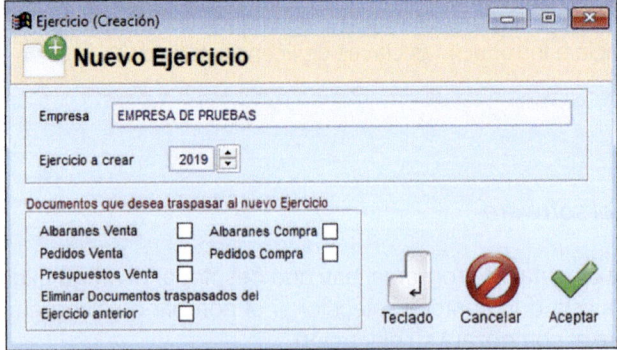

Una vez hecho esto, ya estás preparado para comenzar.

Una vez hecho esto, ya estás preparado para comenzar.

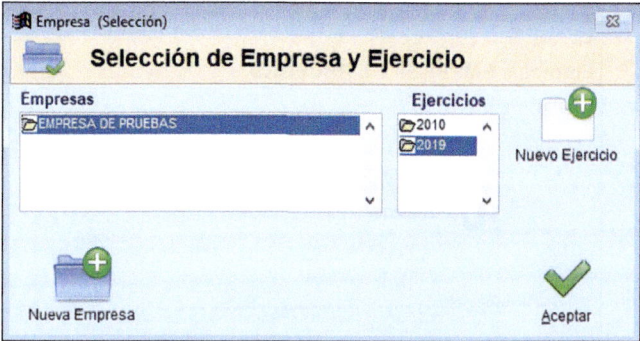

⮒ **Segundo parámetro:** suponiendo que eres el administrador, la primera vez que ejecutas el programa debes dar de alta a los empleados para que puedan utilizar el programa, cada uno con su nombre de usuario y contraseña. El propio empleado, al utilizar el TPV, debe seleccionar su usuario e introducir su contraseña. Esto es así para que cada empleado lleve su propio control de clientes.

En la ficha personal del usuario se pueden introducir sus datos personales, así como las observaciones oportunas.

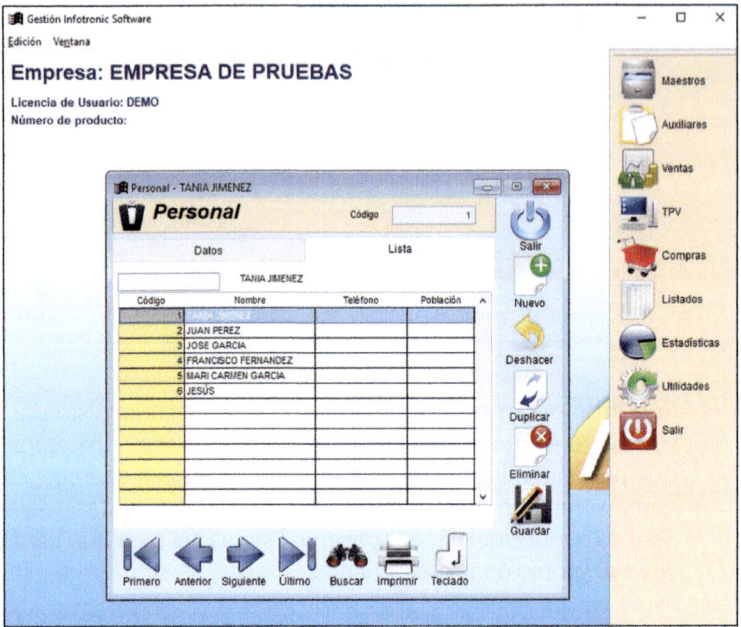

⊃ **Tercer parámetro:** el programa, por defecto, viene configurado con los productos de uso más común. No obstante, puedes configurarlo con los productos que se adecúen a las necesidades del establecimiento.

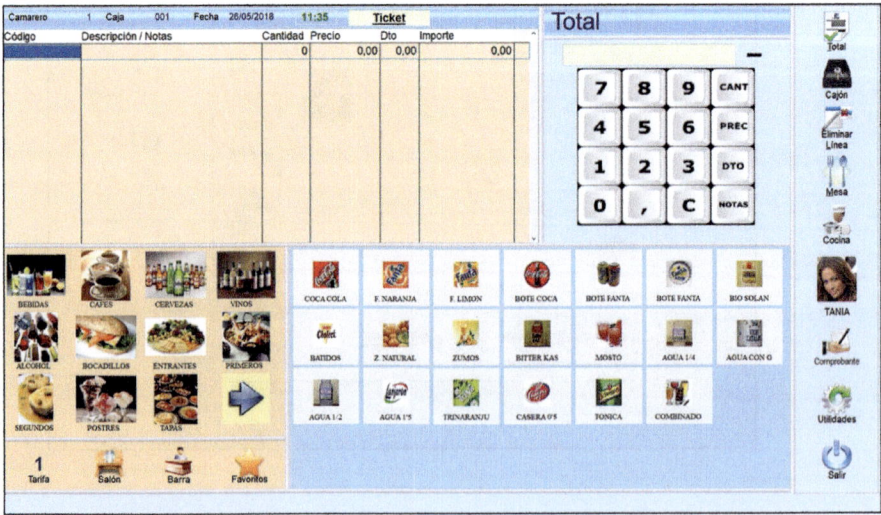

➲ **Cuarto parámetro:** para configurar nuevos productos se debe acceder a la opción **Maestros**. Desde esta opción se pueden dar de alta todos los artículos con los que trabajas, así como crear una base de datos de clientes, comerciales, representantes, etc.

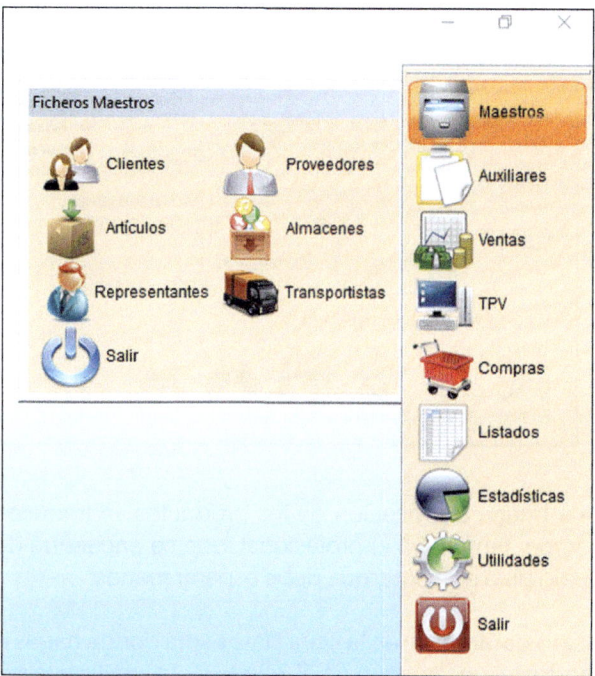

➲ **Quinto parámetro:** para comenzar, lo primordial es dar de alta los productos. Cada producto debe estar englobado en una familia que el administrador debe crear. De este modo, tendrás los productos clasificados por familias, lo que te supondrá un ahorro de tiempo a la hora de localizarlos.

En este programa aparecen varias fichas que te servirán para introducir productos.

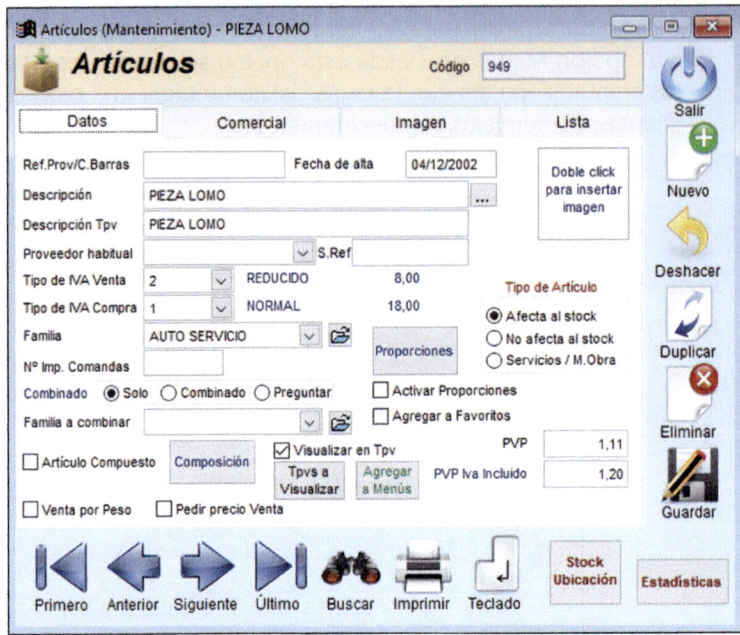

Una buena clasificación de los productos se traduce en un ahorro de tiempo, tanto para el profesional, que se encuentra de cara al público, como para el cliente, que debe esperar menos.

⬭ **Sexto parámetro:** en la ficha **Datos** será donde hagas la descripción del producto, una imagen de él, el precio, la familia a la que pertenece, etc. Cada producto tiene un código y este código es el que se asocia a la familia.

Desde la ficha **Datos,** pulsando sobre el botón en forma de carpeta que hay al lado del campo **Familia,** podrás ver un listado de las familias existentes e introducir las nuevas.

Una vez creada una familia, pulsa el botón **Guardar** y, acto seguido, **Salir** para volver a la ficha **Datos.**

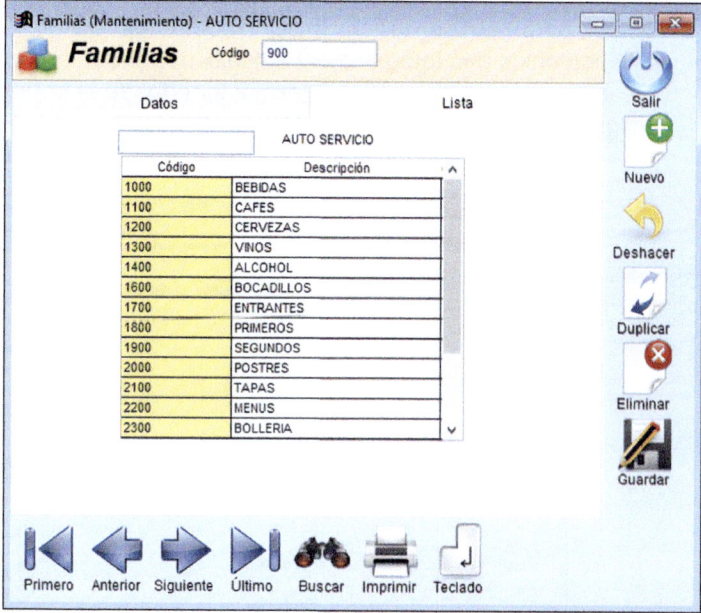

● **Séptimo parámetro:** en la pestaña **Comercial,** podrás asignarle distintas tarifas a un mismo producto y, dentro de cada tarifa, diferentes descuentos. Esto te servirá para vender a varios precios, dependiendo de la tarifa que asignes a cada cliente.

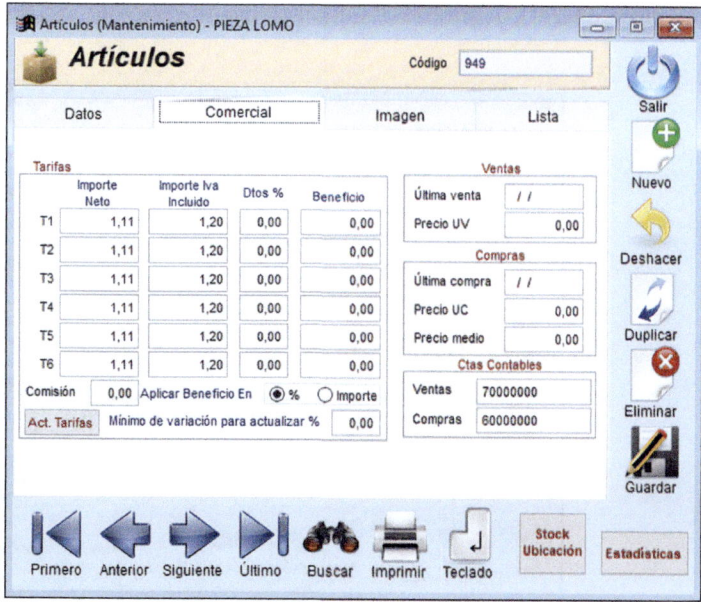

➲ **Octavo parámetro:** en la ficha **Imagen** podrás escoger un archivo donde esté contenida una fotografía del artículo, haciendo un doble clic sobre el campo **Imagen,** que abrirá un explorador donde se podrá escoger. La imagen que aquí selecciones será la que se visualice en el TPV al vender.

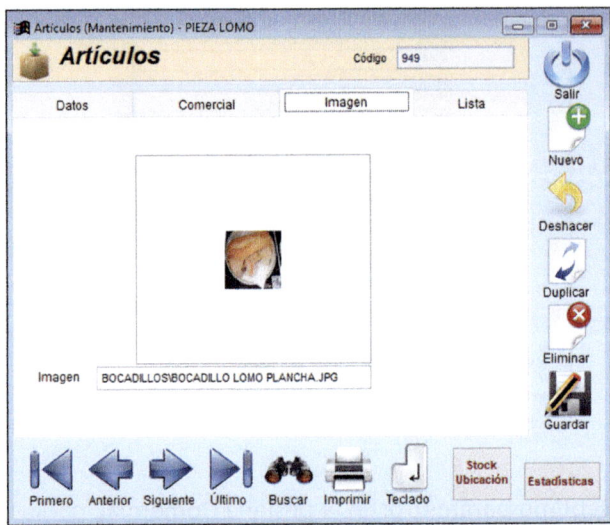

➲ **Noveno parámetro:** en la ficha **Lista,** verás un listado de todos los productos que tienes, así como el precio de cada uno de ellos. También podrás realizar búsquedas de un producto en concreto.

IMPORTANTE

Las funciones descritas son primordiales, ya que son la base del TPV. Pero además de artículos, puedes dar de alta a clientes, representantes, transportistas, etc., y prácticamente el método es el mismo.

ACTIVIDAD COMPLEMENTARIA

4. Para comenzar con la actividad de tu restaurante, es posible contar con *software* gratuito que permite un correcto control de la actividad.

   Es posible contar con dicho *software* siendo instalado en dispositivos móviles o *tablet*. Haciendo uso de fuentes de internet, lleva a cabo una búsqueda de este tipo de *software*, pasando a continuación a la descripción de sus características.

Opción TPV

Seleccionando la opción **TPV** se despliega un menú en el que se selecciona la opción **Entrada TPV.**

Desde aquí seleccionas el terminal, en caso de que hubiera más de uno, y el vendedor que va a realizar la venta.

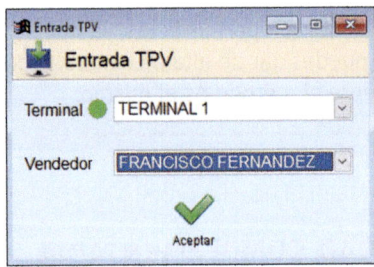

Una vez que has seleccionado el terminal y el vendedor, accedes a la ventana de pedidos donde podrás diferenciar las siguientes partes:

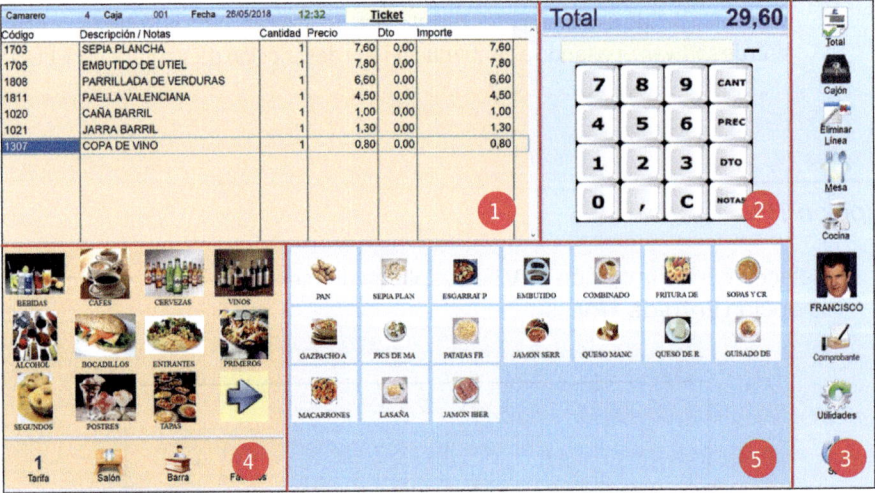

1. **Comanda:** es el lugar donde se anotan las peticiones del cliente.
2. **Calculadora:** se trata de una zona destinada a la realización de cálculos, anotaciones, practicar descuentos...
3. **Barra de acción:** en la parte derecha, te encontrarás con una barra, desde donde podremos sacar el *ticket,* un comprobante, abrir el cajón del TPV, etc.
4. **Familias:** se trata de las familias previamente establecidas (bebidas, cafés, vinos, bocadillos, tapas...).

5. **Artículos:** se trata de artículos específicos, con un acceso directo sobre ellos. Serán productos con características específicas o bien con alta demanda.

 **APLICACIÓN PRÁCTICA**

En el restaurante TRQ se ha pensado cambiar el *software* utilizado hasta ahora en el TPV del que dispone, ya que su funcionalidad no es la adecuada. Para ello, se están barajando algunas opciones de las que conocemos sus características.

Características *new software*
- La sesión de instalación no permite traspasar los albaranes de venta. - Puedes dar de alta hasta tres empleados, no requiriendo contraseña para su acceso. - Su configuración permite introducir tantos productos como necesite el establecimiento. - Podrás agrupar los productos por familias. - Podrás diferenciar distintas tarifas para un mismo producto.

¿Qué características son apropiadas para elegir el nuevo *software?*

Solución

Las características del *software* serán determinantes para la gestión del establecimiento, considerándose fundamental poder acceder a datos históricos, así como controlar el trabajo de cada uno de tus trabajadores, facilitar la gestión de costes, facturación...

- -

 TAREA 14

La incorporación de un nuevo trabajador en el restaurante TRQ hace que sea necesario explicarle las principales funciones del *software* utilizado en el TPV del establecimiento.

Continúa en página siguiente >>

<< Viene de página anterior

Como administrador del sistema, puedes acceder a toda la información y, además, dar de alta a este nuevo usuario.

Lleva a cabo un resumen de los distintos procedimientos que el nuevo integrante deberá aprender, identificando las funciones más características. Al mismo tiempo, procede a darle de alta, indicando los pasos a llevar a cabo.

---

3. Resumen

El auge de las tecnologías de la información y la comunicación ha provocado que todas las empresas, independientemente de la actividad a la que se dediquen, implementen aplicaciones informáticas que hagan más efectivas y eficientes todas y cada una de las actividades que realizan.

De entre los programas de gestión y control de restauración destaca el uso de:

Sistemas de introducción de base de datos	*Software* de gestión de resturación	Hoja de cálculo

Estas herramientas son muy funcionales para el bar-cafetería, ya que permiten, entre otras funciones, las siguientes:

- La creación de bases de datos de clientes.
- La búsqueda y recopilación directa de clientes.
- La creación de libros de trabajo.
- Aplicar fórmulas matemáticas.
- La generación de gráficos dando a conocer estadísticas.

Los TPV se gestionan a través de un *software* especial destinado al sector de la restauración, desde el que será posible llevar a cabo acciones tales como:

> Gestionar los productos que se venden

Continúa en página siguiente >>

<< Viene de página anterior

> Gestionar los *tickets* de consumiciones

> Conocer las ventas de cada trabajador

> Conocer la disposición de los salones

> Saber los consumos y niveles de *stock*

Ejercicios de autoevaluación
Unidad de Aprendizaje 4

1. Para referirse a un grupo de celdas en un programa de hoja de cálculo, se utiliza el término...

    a. ... multicelda.
    b. ... rango.
    c. ... sector.
    d. ... bloque.

2. ¿Cómo puedes editar los datos de una celda?

    a. Mediante la tecla [F2].
    b. Pulsando las teclas [Ctrl] + [Z].
    c. Haciendo clic en [Enter].
    d. Todas las opciones son incorrectas.

3. Indica cuál de los siguientes datos pueden formar parte de una base de datos de clientes.

    a. Nombre y apellidos.
    b. NIF y dirección.
    c. Fecha de nacimiento.
    d. Todas las opciones anteriores son correctas, pudiéndose complementar además con otros datos, como correo electrónico, grupo al que pertenecen, etc.

4. De forma generalizada, el archivo de instalación de *software* se denomina...

    a. ... JPG.
    b. ... *Setup.*
    c. ... PNG.
    d. ... HEIC.

5. Indica si las siguientes afirmaciones son verdaderas o falsas.

a. La primera vez que se ejecuta el *software* característico del bar-cafetería es necesario dar de alta a los empleados, indicando nombre de usuario y contraseña.

- ■ Verdadero
- ■ Falso

b. El nombre con el que aparecen los programas en el menú Inicio es determinado por el fabricante, no pudiendo ser modificado.

- ■ Verdadero
- ■ Falso

c. El lugar o ubicación en que debe instalarse la aplicación está determinado por defecto, no pudiendo ser modificado.

- ■ Verdadero
- ■ Falso

6. Para ahorrar tiempo en la localización de los productos registrados en el TPV, se aconseja:

a. Agruparlos por familias.
b. Enumerarlos o codificarlos.
c. Emplear nombres cortos.
d. Usar imágenes para su identificación.

7. ¿Dónde podrás asignar distintas tarifas a un mismo producto y, dentro de cada tarifa, distintos descuentos?

a. En la pestaña Familias.
b. En la pestaña Comercial.
c. En la pestaña Cobro.
d. En la pestaña Descripción.

8. La denominada barra de acción de *software* del TPV permite...

a. ... sacar el *ticket*.
b. ... abrir el cajón del TPV.

    c. ... obtener un comprobante.
    d. Todas las opciones son correctas.

9. En *Access* para mostrar un listado de los registros de una tabla creada, debes clicar en la opción...

    a. ... Nuevo.
    b. ... Informes.
    c. ... *Setup.*
    d. ... Referencias.

10. ¿Cuál es el primer carácter a incluir en una celda en la que quieras introducir una fórmula?

    a. X
    b. =
    c. W
    d. F

Glosario

Arqueo de caja

Análisis de las transacciones del efectivo, en un momento determinado, con el objeto de comprobar si se ha contabilizado todo el efectivo recibido y si el saldo que arroja esta cuenta corresponde con el que se encuentra físicamente en caja en dinero efectivo, cheques o vales.

Capitalización

Consiste en fijar el capital que corresponde a determinado rendimiento o interés según el tipo que se adopta para el cálculo.

Cláusulas

Cada una de las disposiciones o condiciones de un contrato, de una ley o de un tratado, entre otros documentos.

Créditos

Se definen como la operación financiera donde una persona (acreedor) presta una cantidad determinada de dinero a otra persona (deudor), en la cual este último se compromete a devolver la cantidad solicitada en el tiempo o plazo definido de acuerdo a las condiciones establecidas para dicho préstamo más los intereses devengados, seguros y costos asociados si los hubiera.

Cuota tributaria

Es el componente necesario y esencial de la deuda tributaria. Esta deuda estará formada junto a la cuota por algunos elementos de contenido accidental o eventual, como son, intereses de demora y distintos tipos de recargos derivados de algún incumplimiento por el sujeto pasivo.

Fecha de vencimiento

Aquella en que concluye un plazo estipulado por dos o más partes y por causa de lo cual, las partes involucradas deben cumplir sus obligaciones contractuales. En la mayoría de los casos, el vencimiento implica algún tipo de pago o liquidación económica o financiera.

Impuesto sobre beneficios
Se trata de un tributo de carácter directo que grava la renta de las sociedades y demás entidades jurídicas. Las sociedades determinan su renta en virtud de los principios y normas establecidas en el código de comercio y el Plan General de Contabilidad (PGC).

Inmovilizado inmaterial
Conjunto de bienes intangibles y derechos susceptibles de valoración económica, que cumplen, además, las características de permanencia en el tiempo y utilización en la producción de bienes y servicios o constituyen una fuente de recursos del sujeto.

Mailing o e-mailing
Es el envío de información publicitaria por correo a un gran número de personas de manera directa y personalizada.

Masas patrimoniales
Se definen como agrupaciones de elementos patrimoniales, siempre que tengan la misma funcionalidad económica o financiera, es decir, que sean homogéneas.

NIF
Sigla del número de identificación fiscal. Este número, que sirve para el control fiscal de actividades económicas y mercantiles, está compuesto por el número del documento nacional de identidad más una letra.

Préstamos
Consiste en un contrato de préstamo por el que la entidad financiera (prestamista) entrega al cliente (prestatario) una determinada cantidad de dinero, estableciéndose contractualmente la forma en que habrá de restituirse el capital y abonar los intereses remuneratorios, generalmente, en unos vencimientos prefijados en el cuadro de amortización que acompaña al contrato.

Quiebra técnica
Expresión contable que resulta de una situación de insolvencia en el balance de una compañía cuando las deudas con terceros superan los activos de la empresa.

Software cerrado o de pago
El que para su uso es necesario el pago del producto o de la licencia de uso.

Software libre
Aquel que es de libre uso y gratuito.

Tasa
Precio establecido oficialmente para algunos artículos.

Ventas al por menor
Son las que se desarrollan de una empresa comercial al consumidor final. También se llama distribución al por menor o minorista.

Bibliografía

Monografías

→ CARO Sánchez-Lafuente, A.: *Servicios especiales en restauración.* Antequera: IC Editorial, 2020.

Este manual presenta un análisis completo sobre los trabajos a realizar en restauración, identificando los materiales más adecuados y específicos para el servicio, conocer los distintos tipos de montajes de salones y mesas, el control de los gastos, el manejo de una orden de servicio. El montaje de bufet y resto de servicios especiales en restauración.

→ CUEVAS Dobarganes, F. J.: *Control de costos y gastos en los restaurantes.* México: Limusa, Noriega editores, 2002.

Este manual ofrece información sobre procedimientos, políticas y consejos a tener presentes para controlar los costos y gastos en los restaurantes persiguiendo un mayor beneficio.

Textos electrónicos, bases de datos y programas informáticos

→ 5 claves para optimizar las compras de tu restaurante, de: <https://www.diegocoquillat.com>.

Página web de Diego Coquillat, El periódico digital de los restaurantes, en el que se presentan artículos destinados a la gestión y desarrollo de tu restaurante.

→ *Amortizaciones. Bases imponibles,* de: <https://www.fiscal-impuestos.com>.

Página web de la UDIMA (Universidad a Distancia de Madrid). En esta web se presentan de forma especializada temas sobre impuestos y fiscalidad en España.

→ Blog de innovación de telefónica. *Cómo hacer un cuadro de control de los saldos vencidos de clientes (I),* de: <https://empresas.blogthinkbig.com>.

Blog de Telefónica en el que se presentan propuestas para empresas, educación, iniciativas para empresas, conocimientos de futuro, etc. En este caso, se desarrolla la descripción específica de cómo hacer un cuadro de control de los saldos vencidos de clientes.

→ *El análisis de balances. Primera parte,* de: <https://www.eoi.es>.

Página en la que se presenta documentación docente de la Escuela de Organización Industrial.

→ Especificaciones sobre obligaciones de facturación, de: <https://www.agenciatributaria.es>.

Página web de la Agencia Tributaria en la que se presenta de forma agrupada normativa y especificaciones sobre facturación. Profundizando en aspectos como: tipos de factura, contenido de las facturas, recomendaciones para la numeración de las facturas, e-factura, etc.

→ Guía práctica de seguridad dirigida al comerciante, de: <http://www.sesseguridad.com>.

Página web de la empresa de seguridad SES (Sistemas de Seguridad) en la que se puede descargar la guía práctica de seguridad dirigida al comerciante.

→ Impuesto sobre el valor añadido (IVA), de: <https://www.agenciatributaria.es>.

Página web de la Agencia Tributaria en la que se recoge la normativa básica del IVA.

→ Portal cliente bancario, Banco de España. Cheques, de: <https://clientebancario.bde.es>.

Página web dedicada a la presentación de productos y servicios bancarios, siendo los cheques uno de ellos.

→ Deyde. *Cómo fidelizar a los clientes de tu restaurante utilizando una base de datos,* de: <https://deyde.com/blog/calidad-datos/fidelizar-clientes/>.

Página web donde se presenta y se describe uno de los sistemas de gestión de reservas para restaurantes.

→ ¿Cómo los restaurantes realizan un inventario permanente?, de: <https://pyme.lavoztx.com>.

Artículo de La Voz de Houston, escrito por Fraser Sherman, en el que se especifican los factores y procesos relacionados con la elaboración del inventario permanente de los restaurantes.